DÉPARTEMENT DE LA GIRONDE.

COMPTE

ADMINISTRATIF

RENDU PAR M. LE BARON D'HAUSSEZ,

PRÉFET,

AU CONSEIL GÉNÉRAL DU DÉPARTEMENT,

DANS SA SESSION DE 1828,

Comprenant :

1°. Le compte sommaire définitif de l'exercice 1826 ;
2°. Le compte sommaire de la gestion de 1827, 1re. année ;
3°. Les budgets de 1829.

A BORDEAUX,

DE L'IMPRIMERIE DE LANEFRANQUE FRÈRES, S. DE RACLE,

RUE SAINTE-CATHERINE, N°. 74.

1829.

Compte Administratif.

DÉPARTEMENT DE LA GIRONDE.

COMPTE

ADMINISTRATIF

RENDU PAR M. LE BARON D'HAUSSEZ,

PRÉFET,

AU CONSEIL GÉNÉRAL DU DÉPARTEMENT,

DANS SA SESSION DE 1828,

Comprenant :

1°. Le compte sommaire définitif de l'exercice 1826 ;

2°. Le compte sommaire de la gestion de 1827, 1re. année ;

3°. Les budgets de 1829.

A BORDEAUX,

DE L'IMPRIMERIE DE LANEFRANQUE FRÈRES, S. DE RACLE,

RUE SAINTE-CATHERINE, N°. 74.

1829.

PRÉFECTURE DE LA GIRONDE.

COMPTE

ADMINISTRATIF

RENDU PAR M. LE BARON D'HAUSSEZ,

PRÉFET,

AU CONSEIL GÉNÉRAL DU DÉPARTEMENT,

DANS SA SESSION DE 1828.

DISCOURS

DE M. LE PRÉFET DE LA GIRONDE,

PRONONCÉ

A L'OUVERTURE DE LA SESSION.

Messieurs,

Une nouvelle réunion des conseils généraux vient me fournir l'occasion de provoquer vos avis, de m'entourer de vos lumières, et de recueillir, pour les faire tourner au profit du département, les vues que votre sagesse aura conçues pour sa prospérité. Ma religieuse exactitude à me conformer aux plans arrêtés dans vos précédentes sessions, vous offre la garantie du zèle que j'apporterai à l'exécution de ceux qui résulteront de vos délibérations.

Comme dans les exercices précédents, Messieurs, je me suis renfermé dans les crédits affectés à chaque branche de service : aucun n'a été dépassé, et tous, un seul excepté, celui destiné à couvrir la dépense des enfants trouvés, ont suffi à vos prévisions.

Si une absence nécessitée par les fonctions législatives que m'a conférées la confiance d'un département limitrophe, m'a enlevé aux soins que je dois à l'administration de celui de la Gironde, j'ai fait tout ce qui a dépendu de moi, soit par la désignation du magistrat chargé de me remplacer, soit par la surveillance que de loin j'exerçois sur la marche des affaires dans ma préfecture, soit par mon zèle à suivre et à défendre les intérêts de mon département auprès des différents ministères. J'ai tout fait, dis-je, pour compenser, autant qu'il m'étoit donné de le faire, ce que mon éloignement devoit avoir de préjudiciable au département. J'ai la satisfaction de pouvoir vous donner l'assurance, Messieurs, que, grâce au zèle de mes collaborateurs, l'activité qui règne dans l'expédition des affaires n'a pas été ralentie ; que les travaux départementaux ont été poursuivis avec une égale ardeur ; que tout est au courant, et que l'heureuse impulsion donnée aux diverses branches de l'administration, s'est soutenue et s'est même accrue dans quelques parties.

J'aurai peu de propositions nouvelles à vous soumettre ; votre prévoyance a depuis plusieurs années atteint les divers objets sur lesquels elle pouvoit se porter : elle n'a plus qu'à pourvoir aux dépenses nécessaires, et à continuer ce qui a été si heureusement commencé. Je vais passer successivement en revue, Messieurs, tout ce que je crois devoir fixer votre examen et vos délibérations ; et afin de les rendre plus faciles, et de vous mettre à portée de juger de ma ponctuelle exactitude à réaliser vos intentions, et des causes qui, dans de très-rares circonstances, ont contrarié mon zèle, je joindrai à mon travail un rapport sur l'état d'exécution des diverses délibérations prises dans les sessions précédentes.

Vous m'avez tellement accoutumé à votre bienveillance, Messieurs, que je crois ne devoir pas l'invoquer de nouveau ; je crois d'ailleurs la mériter, si elle est le prix du dévoûment au Roi, du zèle pour les intérêts du département, et d'une haute estime pour les membres du corps à qui la surveillance de ses intérêts est plus spécialement confiée.

CONTRIBUTIONS.

RECOUVREMENT.

La situation des recouvrements se présente cette année sous un aspect aussi favorable que dans les sessions précédentes.

La totalité des rôles en 1827 étoit de...................... 7,041,568^f 91^c

Les recouvrements au 31 du mois dernier étoient de. 6,975,895 93

Reste à recouvrer............................ 65,672^f 98^c

Ce reste sera considérablement diminué par les non-valeurs déjà reconnues, mais dont les ordonnances n'ont encore pu être régularisées.

Le montant des rôles pour 1828 est de.................... 7,083,154^f 63^c

Les recouvrements au 31 Août dernier s'élevoient à... 3,780,790 49

Reste à recouvrer............................ 3,302,364^f 14^c

Remarquez, Messieurs, que les dix mois échus de 1828 sont soldés, et que le 7e/$_{12^e}$ exigible à la fin d'Août, ne se verse à la recette générale que dans la première dizaine de Septembre.

En 1827, à-peu-près à la même époque, les restes à recouvrer sur 1826 s'élevoient à.. 79,538^f 26^c

Ils ne sont, en 1828, que de................................... 65,672 98

Il existe ainsi une différence en mieux de. 13,865^f 28^c

FRAIS.

J'ai apporté, Messieurs, les mêmes soins que précédemment pour améliorer cette partie de l'administration.

Quelques succès en ont été les résultats.

Un recouvrement de 7,026,985 fr. 86 cent. avoit donné lieu en 1826 à 53,052 fr. de frais, ce qui donnoit une proportion de 000,7.

En 1827, un recouvrement de 7,016,922 fr. n'a donné lieu qu'à 44,955 fr. 88 cent. : la proportion est de 000,6.

J'espère obtenir mieux pour 1828.

Cette diminution assez sensible ne résulte pas de négligence dans le recouvrement de l'impôt, puisque sa situation est aussi favorable qu'il soit possible de l'exiger.

S. Ex. le Ministre des finances a bien voulu m'en exprimer sa satisfaction par sa dépêche du 18 Mars dernier.

NON-VALEURS.

Il n'a pas dépendu de l'adminstration d'apporter quelques diminutions sur les dégrèvements qu'elle accorde aux contribuables, soit par suite d'un principe de justice distributive, soit par l'impossibilité d'obtenir la rentrée de l'impôt.

Les événements qui ont frappé les propriétaires de plusieurs communes en 1827, ont rendu plus impérieuse pour l'administration l'obligation de venir à leur secours.

Les fonds de non-valeurs en 1827 se sont élevés,

Savoir :

1°. Fonds ordinaires provenant du ¹/₂ cent. laissé à ma disposition... 11,906ᶠ 4ᶜ

2°. Fonds extraordinaires.. 42,600 ″

Total.................... 54,506ᶠ 4ᶜ

Ces fonds s'élevoient en 1826 à 61,906 fr. 4 cent.

Ils ont été distribués conformément au tableau ci-après.

NOMS des ARRONDISSEMENTS.	ANNÉE 1827.						PROCÈS VERBAUX de pertes.
	CONTRIBUTION FONCIÈRE.			CONTRIBUTION PERSONNELLE.			
	Remises individuelles.	États des percepteurs.	TOTAL.	Remises individuelles.	États des percepteurs.	TOTAL.	
BORDEAUX. { Ville.	9,605^f 1^c	25,182^f 45^c	34,787^f 46^c	90^f 6^c	4,723^f 27^c	4,813^f 33^c	34,787^f 46^c / 4,813 33
BORDEAUX. { Rural.	1,011 64	846 65	1,858 29	5 23	1,430 4	1,435 27	39,600^f 79^c / 3,549^f ^{uc}
BAZAS............	11 6	250 7	261 13	" "	286 41	286 41	1,900 "
BLAYE............	379 37	663 25	1,042 62	54 32	308 62	362 94	1,110 "
LESPARRE........	58 53	1,304 78	1,363 31	" "	117 81	117 81	1,256 "
LIBOURNE........	469 43	998 36	1,467 79	" "	596 27	596 27	127 "
LA RÉOLE........	88 85	92 86	181 71	" "	277 91	277 91	4,835 "
TOTAL............	11,623^f 89^c	29,338^f 42^c	40,962^f 31^c	149^f 61^c	7,740^f 33^c	7,889^f 94^c	12,777^f ^{uc}

Foncier................................... 40,962^f 31^c

Personnel................................ 7,889 94

Procès-verbaux de pertes.............. 12,777 "

$\overline{\qquad\qquad}$

61,629^f 25^c

Frais de poursuites................... 709 50

$\overline{\qquad\qquad}$ 62,338^f 75^c

Les fonds alloués sont de............. 54,586 4

$\overline{\qquad\qquad}$

DIFFÉRENCE....................... 7,832^f 71^c

Pour couvrir le déficit de 1826............. 8,805 65

$\overline{\qquad\qquad}$

TOTAL à ordonnancer.............. 16,638^f 36^c

PORTES ET FENÊTRES.

Les 10 cent. imposés pour dégrèvement des portes et fenêtres produisent... 41,946ᶠ 98ᶜ

Il faut prélever pour indemnité de recensement........... 2,400 ″

$$\text{Reste}................................... 39,549^f\ 98^c$$

Les dégrèvements ont été accordés comme suit :

Bordeaux. { Ville..................... 14,238ᶠ 98ᶜ
           { Rural..................... 312 83

Blaye................................... 103 54

Bazas................................... 66 18

Libourne............................... 252 92

Lesparre................................ 34 78

La Réole............................... 193 8

——————— 15,202 31

Reste libre............................. 24,347ᶠ 67ᶜ

Ce restant libre en 1826 n'étoit que de................. 19,701 39

Différence en moins................... 4,646ᶠ 28ᶜ

13 cent. sont additionnellement imposés chaque année pour couvrir les dégrèvements. Ils produisent.......................... 110,384ᶠ 90ᶜ

Les dégrèvements accordés s'élèvent, savoir :

Bordeaux. { Ville..................... 44,225ᶠ 12ᶜ
           { Rural..................... 1,923 50

Blaye................................... 423 48

Bazas................................... 815 33

Libourne............................... 2,368 69

Lesparre................................ 518 18

La Réole............................... 816 45

——————— 51,090 75

Portion afférente aux communes..... 59,294ᶠ 15ᶜ

CONTRIBUTIONS INDIRECTES.

J'ai l'honneur de mettre sous vos yeux le produit des contributions indirectes pendant 1827, s'élevant à........ .... 4,675,929ᶠ 19ᶜ

Les droits perçus sur les vins et eaux-de-vie y figurent pour.. 2,495,966ᶠ 29ᶜ

Il ne m'est parvenu en 1827 aucune plainte contre les employés de cette administration, qui s'efforcent de concilier les égards qu'ils doivent aux contribuables, avec l'exactitude et la sévérité qu'exigent leurs devoirs.

CADASTRE.

Vous avez voté, dans votre avant-dernière session, 3 cent. pour la continuation des opérations cadastrales en 1827.

Ils ont produit....................................	86,751ᶠ 38ᶜ
L'exercice antérieur présentoit un restant libre de.......	41,859 65
Les fonds communs faits par le gouvernement s'élevèrent à...	8,870 //
Total pour 1827.............................	137,481ᶠ 3ᶜ
Les dépenses, d'après le compte approuvé par Son Excellence, se sont élevées à..............................., ...	132,371 34
Reste libre et reporté sur 1828.............	5,109ᶠ 69ᶜ
La dépense a eu lieu ainsi qu'il suit, savoir :	
Indemnité d'arpentage...........................	97,095ᶠ 58ᶜ
Idem d'expertise..................................	31,908 76
À reporter.....................	129,004ᶠ 34ᶜ

Report.......................... 129,004ᶠ 34ᶜ

Indemnité pour mutations............................ 2,092 ″

Traitement du secrétaire de la commission cadastrale de
la ville de Bordeaux...................................... 1,275 ″

TOTAL................................ 132,371ᶠ 34ᶜ

Les travaux obtenus consistent, 1°. dans le cadastre des dix-huit communes qui composent le canton de Castelnau, pourvues de leurs matrices cadastrales depuis le 1ᵉʳ. Janvier dernier;

2°. Dans l'achèvement de la commune de Mios, qui complète le canton d'Audenge;

3°. Dans l'ouverture des travaux d'arpentage des vingt-quatre communes qui composent le canton de la Réole;

4°. Dans la même opération pour huit communes qui font partie des treize du canton de Saint-Ciers-Lalande;

5°. Enfin, dans la continuation des expertises de la ville de Bordeaux.

SITUATION DES TRAVAUX ET DÉPENSES POUR 1828.

Vous avez également voté, pour 1828, 3 cent. dont le montant est
de.. 86,746ᶠ 31ᶜ

Les fonds communs accordés par le Ministre, à........... 8,290 ″

Le report de 1827 est de............................... 5,109 69

Enfin, pour un trop perçu par le géomètre en chef, ci. 2,380 96

TOTAL................................ 102,526ᶠ 96ᶜ

La dépense faite et payée jusqu'à jour, est de........... 68,782 37

RESTE à employer d'ici au 31 Décembre..... 33,744ᶠ 59ᶜ

La nature des travaux entrepris porte même à penser, que les dépenses s'élèveront à 15,000 fr. de plus.

Les travaux effectués ou à effectuer consistent :

1°. Dans le complément du cadastre de Moulis, qui complète le canton de Castelnau ;

2°. Dans le cadastre complet des vingt-quatre communes qui composent le canton de la Réole ;

3°. Dans celui des huit communes du canton de Saint-Ciers-Lalande, et dans l'arpentage des cinq qui le complètent ;

4°. Enfin, dans le cadastre par anticipation de la commune de Saint-Magne.

La situation du département sous le rapport du cadastre, au 1er. Janvier prochain, présentera :

Vingt cantons cadastrés sur quarante-quatre, formant deux cent soixante-quatorze communes sur cinq cent soixante-douze.

PROPOSITIONS POUR 1829.

Le budget, pour cet exercice, comprendra :

1°. L'achèvement des cinq communes qui doivent compléter le canton de Saint-Ciers-Lalande ;

2°. Dans l'arpentage des vingt-trois communes du canton de Sauveterre, dont huit seront cadastrées à la fin de cet exercice ;

3°. Dans l'arpentage de neuf communes sur seize qui composent le canton de Lussac ; opération qui ne pourra être portée qu'au levé des plans sur le terrain ;

4°. Dans le complément du cadastre de la ville de Bordeaux ;

5°. Enfin, dans la triangulation et délimitation des communes qui composent le canton de Sainte-Foi, en tout ou en partie, jusqu'à concurrence des fonds disponibles.

J'ai lieu d'espérer, Messieurs, que l'activité des travaux, proportionnelle aux ressources; que la précision et la régularité des opérations, vous détermineront à accorder pour 1829 le même subside que dans la session précédente.

Il seroit même à désirer, dans l'intérêt des travaux, que vous voulussiez bien réunir vos vœux aux miens pour obtenir qu'en 1829 les fonds communs accordés par le gouvernement fussent au moins portés à 15,000 fr.

Les conseils généraux de plusieurs départements ont reconnu la nécessité de faire former des atlas, des plans du cadastre, par canton, pour être déposés aux archives des préfectures.

J'ai pensé, Messieurs, que l'utilité de cette mesure ne vous échapperoit pas.

J'ai, en conséquence, demandé au géomètre du cadastre un aperçu de cette dépense. Elle s'élèveroit à.................................... 8,000ᶠ

Si vous croyez, dans votre sagesse, devoir autoriser l'exécution de cette mesure, la dépense en seroit prélevée sur les fonds du cadastre et portée à budget.

Je terminerai enfin cet article, Messieurs, en vous invitant à prendre en considération l'urgence d'autoriser le prélèvement, sur les fonds du cadastre, d'une somme de 15,000 fr., pour le traitement des trois experts de la ville de Bordeaux.

L'autorisation du prélèvement d'une semblable somme eut lieu en 1825; mais elle ne fut accordé par Son Excellence que sur votre adhésion préalable.

Cette somme étant dépensée, les expertises de la ville de Bordeaux ne pourroient être continuées sans ce prélèvement.

NOUVELLE RÉPARTITION

ENTRE LES ARRONDISSEMENTS, DU CONTINGENT FONCIER.

J'ai eu l'honneur de mettre sous vos yeux, dans votre dernière session, le travail de la commission spéciale pour la nouvelle répartition entre les arrondissements, du contingent foncier.

Vous avez adopté ce travail; et en reconnoissant qu'il étoit éminemment juste de dégrever la ville de Bordeaux d'une somme de 58,069 fr., vous avez fait la répartition entre les arrondissements de Bordeaux, Lesparre, Blaye et Bazas.

L'arrondissement de Lesparre a supporté un accroissement de contingent de 30,000 fr. sur le dégrèvement de 58,069 fr. accordé à la ville de Bordeaux.

Le conseil d'arrondissement a procédé au sous-répartement de ce contingent.

Les trois communes ci-après nommées, les plus remarquables par la supériorité de leurs vins, ont reçu une augmentation de contingent,

Savoir :

Pauillac, de.. 9,038ᶠ

Saint-Julien, de............ ....,............ 3,122

Saint-Estèphe, de.......................:....................... 5,840

Total...................................... 18,000ᶠ

Une réclamation signée par les propriétaires les plus notables de ces trois communes, a été adressée à S. Ex. le Ministre des finances, qui m'en a fait le renvoi par sa dépêche du 12 Novembre dernier, en me chargeant de vous la soumettre.

J'ai préalablement dû la communiquer au directeur des contributions pour fournir ses observations.

J'ai l'honneur de vous transmettre le travail qu'il m'a remis.

Il propose un léger redressement pour 1829, pour le le canton de Pauillac.

SAVOIR :

1°. Sur Pauillac.. 3,798^f

2°. Sur Saint-Estèphe... 1,953
————
5,751^f

Mais trois communes du même canton éprouveront une augmentation de... 226
————

DIMINUTION FINALE.......................... 5,525^f

que doivent supporter, jusqu'à concurrence de 1,091 fr., les cantons de Saint-Laurent et de Saint-Vivien, et le reste, le canton de Lesparre, conformément au tabbleau n°. 9.

Le directeur des contributions, pour appuyer cette proposition, établit divers rapprochements, dont les plus frappants, selon moi, sont ceux des revenus imposables, d'après les matrices de 1791, avec celui qu'a donné le cadastre en 1827.

Vous remarquerez en effet, Messieurs, que cette dernière opération a presque généralement réduit ce revenu, preuve certaine de son utilité et de son exactitude.

Je pense, Messieurs, que le travail du directeur des contributions doit être pris en considération, et que les redressements qu'il propose pour les cantons de Lesparre, Saint-Vivien, Pauillac et Saint-Laurent, apporteront dans la répartition du contingent de Lesparre, toute la concordance désirable.

Le canton de Bourg, ainsi que celui de Branne, ont formé quelques réclamations. Il résulte des redressements proposés par le directeur, qu'il y auroit lieu :

1°. D'alléger, dans le premier de ces cantons, les communes de Saint-Ciers de Canesse et de Mombrier d'une somme de 552 fr., qui seroit à ajouter au contingent de la commune de Gauriac;

2°. De diminuer, dans le canton de Branne, le contingent de la commune de Cursan de 337 fr., et d'augmenter d'une pareille somme ceux des communes de Génissac et de Moulon.

Je crois ces propositions fondées.

COMPTABILITÉ.

APUREMENT DES COMPTES DE 1826.

DÉPENSES VARIABLES.

Le compte primitif de cet exercice, que j'ai eu l'honneur de mettre sous vos yeux dans votre session de 1827, portent les dépenses effectuées à cette époque, à.. 356,289^f 95^c

Il a été dépensé depuis, ci................................... 16,927 42

TOTAL de la dépense................... 373,217^f 37^c

Les recettes se composent :

1°. Des centimes additionnels et des fonds communs, ci. 371,885^f 90^c

2°. Des ressources extraordinaires, s'élevant à............ 5,074 84

3°. D'un restant libre sur 1824, reporté au budget de 1826. 10,829 55

TOTAL.................................... 387,790^f 29^c

La dépense est de... 373,217 37

RESTE libre sur les fonds de cet exercice.. 14,572^f 92^c

Le restant libre a été compris dans un budget de report approuvé par Son Excellence pour 1828. Il est à remarquer, Messieurs, que sur cětte somme, 10,000 fr. appartenoient à l'hospice de Cadillac, et que n'ayant pas pu être employés pendant l'exercice, ils ont été repris et reportés au budget de 1828, avec la même destination.

L'économie réelle n'est donc que de........................... 4,572^f 92^c

J'aurai l'honneur d'en proposer l'emploi.

J'ai l'honneur de vous communiquer,

1°. Le compte définitif avec les pièces à l'appui de la dépense de.. 16,927^f 42^a

2°. Le budget de report;

3°. Enfin, la lettre de Son Excellence, approbative de ce compte.

DÉPENSES FACULTATIVES.

COMPTE DÉFINITIF.

La dépense portée au compte primitif étoit de............ 195,055^f 20^c

Le produit des 5 cent. votés en 1826 est de.. 178,590^f 61^c

Le restant libre sur 1824 étoit de............ 16,464 59
                                           195,055 20

Reste à dépenser...................... *Néant.*

Mais il est à remarquer qu'une somme de 142 fr. 12 cent. qui avoit été mandatée pour la route n°. 2, n'ayant pas été retirée des mains du payeur dans les délais, elle a été reversée au trésor et reportée au budget de 1828.

Ayant justifié, par la production des pièces, de la régularité de ces dépenses lors de la remise du compte primitif, et aucune dépense n'ayant eu lieu depuis, je n'ai, Messieurs, aucune nouvelle production à vous faire.

J'ai l'honneur de mettre sous vos yeux,

1°. Le budget de report de la somme de 142 fr. 12 cent. ;

2°. La lettre de S. Ex. le Ministre de l'intérieur, qui approuve ce compte.

COMPTE DE 1827.

DÉPENSES VARIABLES.

J'ai l'honneur de vous soumettre le compte primitif des dépenses variables de 1827.

Les fonds alloués pour cet exercice s'élèvent à............ 378,867^f 67^c

Les dépenses ordonnancées jusqu'au 1er. Septembre, s'élèvent à.. 353,255 39

RESTE disponible... .... 25,612^f 28^c

Toutes les pièces à l'appui, ainsi que les livres de ces dépenses, vous sont communiqués.

Il est à remarquer, Messieurs, que ce restant libre représente :

1°. Une somme de 10,000 fr., reprise au dépôt d'étalons, dans ce même budget, et dont vous avez fait la répartition entre deux routes et les chemins vicinaux.. 10,000ᶠ ʼʼᶜ

2°. Une réduction au chapitre 1ᵉʳ............... 250ᶠ ʼʼᶜ

3°. Enfin, un restant libre sur 1825, ci........ 2,981 71
                —————— 3,231 71

                13,231ᶠ 71ᶜ

Mais cette dernière somme de 3,231 fr. 71 cent. n'auroit pu être comprise dans l'état des sommes en réserve lors de votre dernière session.

Vous êtes donc appelés, Messieurs, à délibérer sur son emploi.

Il résulte de ce que je viens d'avoir l'honneur de vous exposer, qu'en déduisant sur le restant à dépenser de........................... 25,612ᶠ 28ᶜ

la somme de... 13,231 71

on peut dès aujourd'hui regarder à peu près comme libre sur 1827, une somme de.................................... 12,380ᶠ 57ᶜ

Mais vous reconnoîtrez la nécessité de n'en disposer qu'après l'apurement de l'exercice, qui aura lieu pour le mandatement des dépenses à la fin de ce mois, et pour le paiement à la fin d'Octobre.

Il avoit été alloué en 1827, pour les prisons de Libourne, une somme de 2,000 fr.

Elle étoit destinée à leur agrandissement. Elle n'a pu être employée, mais le projet arrêté pourra être exécuté en 1829.

J'aurai l'honneur de vous proposer le remplacement de cette somme au budget de 1829.

CENTIMES FACULTATIFS.

Les 5 centimes votés pour 1827 donnent un total de.... 178,590^f 61^c

Les dépenses jusqu'à ce jour se sont élevées à............ 176,649 13

RESTE à dépenser...................... 1,941^f 48^c

Cette somme restant libre provient :

1°. D'un *boni* sur les 10,000 fr. alloués pour les obsèques de Mgr.
l'Archevêque de Bordeaux... 1,599^f 80^c

2°. D'un restant libre sur les bourses accordées à l'établissement des Sourds-Muets.. 41 68

3°. Sur le portrait du Roi.................................... 300 //

TOTAL ÉGAL................................ 1,941^f 48^c

qui peuvent être considérés comme restant libres sur cet exercice.

Ce ne fut, Messieurs, que le 18 Janvier dernier, que S. Ex. le Ministre
de l'intérieur approuva l'état des sommes restant libres sur 1825, budget
des centimes facultatifs.

Ces sommes s'élevoient à.. 11,131^f 75^c

Elles se composent :

1°. D'une allocation de......................... 10,000^f //^{c}
votée pour l'achat de l'hôtel Lalande en 1825,
mais que vous avez rapportée sans en indiquer
l'emploi ;

A reporter.............. 10,000^f //^{c} 11,131^f 75^c

2

Report...................... 10,000ᶠ ″ᶜ 11,131ᶠ 75ᶜ

2°. D'un restant libre sur le budget de 1825,
de.. 477 61

3°. D'une allocation pour l'école israélite, ci.   600 ″

4°. Enfin, pour un excédant d'ordonnance en
faveur du département............................ 54 14

Total ÉGAL...................... 11,131 75

En ajoutant à cette somme celle restant libre sur 1827,
de.. 1,941 48

Total........................... 13,073ᶠ 23ᶜ

qui viendront en accroissement de nos ressources pour 1829, et dont l'emploi vous sera proposé.

J'éprouve la satisfaction, Messieurs, de vous annoncer, en terminant cet exposé sommaire sur la comptabilité départementale, que les comptes finaux de 1826 ont été rendus et approuvés par S. Ex. le Ministre de l'intérieur, et que ceux de 1827 seroient en mesure de lui être soumis, si l'époque des ordonnances et des paiements sur cet exercice étoient clos.

En un mot, Messieurs, la comptabilité du département ne présente aucune lacune, aucun arriéré; tous les comptes des gestions closes jusques et y compris 1826, ont reçu non-seulement votre approbation, mais leur apurement définitif a été prononcé par le Ministre, et ils peuvent dès ce jour être déposés aux archives.

DÉPENSES FIXES ET COMMUNES.

Il avoit été alloué en 1827, pour dépenses fixes et communes.. 227,051^f 60^c

Elles se sont élevées à.. 219,647 55

RESTE, dont le trésor a fait reprise. 7,404^f 5^c

J'ai l'honneur de vous donner en communication le compte rendu de ces dépenses et la lettre de Son Excellence, qui l'approuve.

A cette somme de.. 7,404^f 5^c

Il doit être ajouté, pour retenue sur mon traitement, pendant un congé que j'avois demandé................................ 1,250 //

TOTAL... 8,654^f 5^c

RÉPARTEMENT
DE LA CONTRIBUTION FONCIÈRE POUR 1829.

Foncier, principal.. 2,891,712^f 82^c
Personnel et mobilier, *idem*............................ 680,100 //
Portes et fenêtres, *idem*................................ 419,400 //

Il vous appartient, Messieurs, de procéder entre les arrondissements à la répartition des contributions foncière et mobilière.

J'ai fait procéder au répartement de la contribution des portes et fenêtres entre les arrondissements.

J'ai l'honneur de mettre sous vos yeux extrait, en ce qui concerne ce département, des états annexés à la loi des finances du 24 Juin dernier.

SECOURS POUR PERTES ET INCENDIES.

J'avois fait connoître à S. Ex. le Ministre de l'intérieur les pertes énormes qu'avoient fait éprouver en 1827, aux proprétaires, les inondations de la Garonne, et la grêle qui, à diverses époques, avoit ravagé les vignobles de plusieurs communes du département.

J'avois également rendu compte à Son Excellence des divers événements qui, pendant cet exercice, avoient frappé plusieurs propriétaires.

Son Excellence a bien voulu accueillir mes diverses demandes, et accorder des secours qui réunis forment une masse de 28,585 fr.

Tous les secours accordés pour grêle et inondation ont été proportionnellement répartis d'après des procès-verbaux rédigés sur les lieux, et d'après les propositions du directeur des contributions directes.

Les secours pour incendies et autres cas fortuits ayant été sollicités nominativement, ont été remis aux personnes qui les ont obtenus.

J'ai l'honneur de mettre sous vos yeux, Messieurs, l'état de distribution de ces secours.

Il présente un restant libre de 300 fr., résultant de secours accordés à des individus dont le domicile n'a pu être découvert; mais d'après une lettre de Son Excellence, jointe à l'état, 100 fr. ont été dernièrement ordonnancés au profit du sieur Sazy, domicilié dans le département de Lot et Garonne.

J'ai l'honneur de vous faire connoître les secours accordés en 1827 sur les fonds de non-valeurs, pour cause de grêle et d'inondations, secours qui n'ont pu être qu'en proportion de l'impôt que supportoient les fonds ravagés, et jamais au-dessus.

TRAVAUX A LA CHARGE DE L'ÉTAT.

SACRISTIES DE LA CATHÉDRALE.

Les crédits pour ces travaux se sont élevés à................ 16,700ᶠ ″ᶜ

Il n'a été payé à l'entrepreneur, d'après les fonds faits par
le Ministre, que.. 15,514 73

Reste dû.............................. 1,185ᶠ 27ᶜ

SÉMINAIRE.

Les crédits pour ce service se sont élevés à................ 15,000ᶠ ″ᶜ

L'entrepreneur n'a reçu, d'après les fonds faits par le
gouvernement, que.. 14,971 21

Reste dû.............................. 28ᶠ 79ᶜ

NOUVEAU PALAIS ARCHIÉPISCOPAL.

Le crédit pour ce service s'est élevé, savoir :

Pour intérêts échus et dus aux sieurs Lahens, jusqu'au 31
Décembre.. 5,641ᶠ 65ᶜ

Frais d'actes dus au sieur Maillères, notaire.... 1,351 50

Honoraires de l'architecte pour expertises...... 500 ″
                                                      7,493ᶠ 15ᶜ

Il n'a encore été payé, d'après les fonds faits par le Ministre,
que.. 500 ″

Reste dû.............................. 6,993ᶠ 15ᶜ

INDEMNITÉ AUX ÉMIGRÉS.

(*Loi du 27 Avril 1825*).

Il résulte des comptes que j'ai eu l'honneur de vous rendre dans votre dernière session, que les demandes en indemnité étoient au nombre de.. 430

Sur ce nombre, cinquante-neuf demandes ont été reconnues faire double emploi ou non fondées, ci...................................... 59

RESTE... 371

La commission en avoit liquidé.. 228

Qu'ainsi, il restoit à liquider.. 143

Depuis cette époque, la commission a prononcé sur................. 42

RESTE.. 101

Sur ce nombre :

1°. Six demandes ont été renvoyées devant les tribunaux, ci.. 6

2°. La commission, ou S. Ex. le Ministre des finances, en a sous les yeux... 53

3°. Dans les bureaux de la préfecture, à défaut de pièces...... 42

TOTAL ÉGAL... 101

Les indemnités précédemment liquidées présentent un capital de................. 16,753,553^f 71^c, en rentes à 3 p.%, 502,606^f $''^c$

Celles liquidées depuis cette époque, s'élèvent à 2,432,698 68 en rentes.......... 72,980 96

TOTAUX du capital. 19,186,252^f 39^c, en rentes.......... 575,586^f 96^c

COMMUNES.

SITUATION DES CAISSES D'APRÈS LES COMPTES DE 1826.

Les comptes de gestion de 1826 s'apuroient à l'époque de la session de 1827.

La balance de ces comptes présente, dans le département, les résultats suivants :

NOMS des ARRONDISSEMENTS.	SOLDE DE 1825.		EXCÉDANT		PREMIÈRES OPÉRATIONS DE 1826.		EXCÉDANT	
	RECETTES.	DÉPENSES.	des RECETTES.	des DÉPENSES.	RECETTES.	DÉPENSES.	des RECETTES.	des DÉPENSES.
BORDEAUX...	266,775f 58c	198,997f 16c	71,634f 17c	3,855f 75c	153,292f 43c	151,804f 26c	21,403f 88c	19,915f 71c
LIBOURNE.....	111,240 73	90,661 66	22,158 97	1,579 90	80,619 36	83,837 83	9,344 72	12,563 19
LA RÉOLE.....	76,428 32	53,866 69	23,308 33	746 70	38,929 43	39,509 95	5,220 61	5,801 13
BAZAS..........	72,664 56	57,707 84	15,512 71	555 99	51,499 77	43,685 22	11,024 21	3,209 66
BLAYE..........	114,470 91	101,151 29	15,447 29	2,127 67	80,266 62	72,076 78	11,589 3	3,399 19
LESPARRE.....	46,568 69	37,237 33	9,398 83	67 47	91,416 53	54,102 76	38,150 11	836 34
Totaux......	688,148f 79c	539,621f 97c	157,460f 30c	8,933f 48c	496,024f 14c	445,016f 80c	96,732f 56c	45,725f 22c

Dans cette balance, ne sont pas comprises celles des villes de Bordeaux, Blaye, la Réole et Libourne, dont les comptables sont justiciables de la Cour des comptes.

Les comptables ont rendu au conseils municipaux, dans la dernière session du mois de Mai dernier, leur compte de gestion de 1827, qui se compose du solde de l'exercice 1826 et des premières opérations de 1827; et tout fait espérer que les résultats de l'apurement sont aussi en faveur des communes.

COMMUNES.

Les budgets des communes du département, pour l'année 1828, ont été balancés de la manière suivante :

NOMS des ARRONDISSEMENTS.	RECETTES présumées de 1828.	DÉPENSES présumées de 1828.	EXCÉDANT	
			de recettes sur les dépenses.	de dépenses sur les recettes.
BORDEAUX............................	141,404ᶠ 24ᶜ	134,565ᶠ 97ᶜ	6,838ᶠ 27ᶜ	″ᶠ ″ᶜ
LIBOURNE............................	155,919 ″	139,478 ″	16,441 ″	″ ″
LA RÉOLE...........................	54,546 85	49,132 19	5,414 66	″ ″
BAZAS..............................	39,774 82	36,179 54	3,595 28	″ ″
BLAYE..............................	86,020 43	83,487 53	2,532 90	″ ″
LESPARRE.	44,703 ″	43,178 ″	1,525 ″	″ ″
Totaux.....................	522,368ᶠ 34ᶜ	486,021ᶠ 23ᶜ	36,347ᶠ 11ᶜ	″ᶠ ″ᶜ

Pour faire élever les recettes au niveau des dépenses, les conseils municipaux, renforcés des plus forts contribuables, ont voté et obtenu pour 1828 une subvention de centimes autorisée par l'ordonnance royale du 1ᵉʳ. Septembre 1827.

Subvention répartie entre les arrondissements et les communes, de la manière suivante :

Arrondissement de Bordeaux................................. 20,518ᶠ 69ᶜ
   —   Bazas..................................... 3,552 81
   —   Blaye..................................... 5,085 8
   —   La Réole.................................. 3,673 14
   —   Lesparre.................................. 2,117 44
   —   Libourne.................................. 13,607 70
       Total................................. 48,554ᶠ 86ᶜ

L'ordre dans la présentation et l'approbation des budgets est en harmonie avec la reddition des comptes.

CHEMINS COMMUNAUX.

Lors de la publication de la loi du 28 Juillet 1824, relative aux chemins communaux, des matrices furent faites pour assurer le recouvrement de la prestation. Ces matrices ont suffi pour les mutations de 1825, 1826, 1827 et 1828; le renouvellement de ces matrices s'opère pour 1829 et années suivantes.

Les rôles de recouvrement de toutes les prestations antérieures à 1824, ont été apurés dans le temps; il reste à apurer les rôles de 1824, 1825, 1826 et 1827, afin de mettre en harmonie, à compter de 1828, la comptabilité des chemins communaux avec la comptabilité communale, selon les intentions de S. Ex. le Ministre des finances.

A l'époque du 1er. Août 1827, j'eus l'honneur de vous annoncer que le montant des rôles mis en recouvrement depuis la publication de la loi jusqu'alors, s'élevoit à 660,401 journées, représentant 1,276,287^f 52^c

Et en produit de cinq centimes, à......................... 92,862 53

Total.................. 1,369,150^f 5^c

Depuis le 1er. Août 1827, jusqu'au 1er. Janvier 1828, le nombre de journées perçues a été de 29,232, représentant... 59,667 43

Le nombre de centimes a été de............................ ″ ″

Le produit de prestations du 1er. Janvier 1828 jusqu'à ce jour, a été de 181,321 journées, représentant........... 335,115 30

Le produit des cinq centimes jusqu'à ce jour, a été de. 26,178 50

Ainsi, le montant des contributions pour chemins communaux, depuis la publication de la loi, a été de.... 1,790,111^f 28^c

Ces sommes ont été employées sur une surface d'environ huit cent mille mètres de chemins, autant que des calculs approximatifs peuvent l'indiquer. MM. les conducteurs et inspecteurs voyers ont efficacement concouru au succès de toutes ces opérations, et j'ose croire que dans le département, on commence à s'apercevoir des résultats de la loi du 28 Juillet 1824.

Je recommanderai à votre attention l'allocation annuelle de 18,661 fr. que vous avez précédemment mise à ma disposition, soit pour les conducteurs voyers, soit pour les secours aux communes.

Je crois, Messieurs, devoir vous faire observer que cette dépense, quelque considérable qu'elle soit, a cependant pesé sur les contribuables d'une manière beaucoup moins onéreuse que si elle avoit été réalisée en numéraire. Son acquittement en prestations l'a rendue presque insensible pour la population, qui trouve un ample dédommagement des sacrifices qu'elle s'est imposés, dans une plus grande facilité des communications, dans la possibilité d'utiliser des produits jusque-là sans valeur dans une foule de localités, et dans la réduction du prix des transports. Celui du transport des vins offre seul un bénéfice annuel de 500,000 fr., et l'on pourra s'en convaincre, si l'on considère que de 5 fr. par tonneau auquel il s'élevoit, terme moyen, il a été réduit à 3 fr. En appliquant cette réduction à deux cent cinquante mille tonneaux qui se récoltent année commune dans ce département, on verra que la propriété a obtenu dans ses frais de production une économie de 500,000 fr., laquelle compense très-avantageusement les avances faites pour l'amélioration des communications.

PETITE NAVIGATION.

La navigation du canal des marais de Lesparre est la seule qui ait été autorisée depuis votre dernière session. Mes sollicitations les plus pressantes n'ont encore rien obtenu ni pour le moron, ni pour le chenal de Beychevelle.

J'ai l'espoir que très-incessamment une ordonnance royale autorisera à rendre navigable la petite rivière de la Dronne, qui, de la rivière de l'Isle, dans laquelle elle vient affluer à Coutras, traverse la partie nord-est de l'arrondissement de Libourne, en remontant jusqu'à Chalus, dans la Haute-Vienne.

Le territoire qu'elle parcourt est fertile; il produit en abondance des blés, des vins communs, et surtout des bois que l'on consomme aujourd'hui sur les lieux. Tous ces produits seront apportés à peu de frais sur nos marchés au moyen de la nouvelle navigation, et nous lui devrons, sans doute, une baisse sur le prix des bois, déjà beaucoup trop élevé pour le plus grand nombre des consommateurs. Cette navigation sera concédée à perpétuité, sous la condition qu'il ne pourra être exigé d'autres droits que ceux portés au tarif, et dont la quotité, assez élevée pour offrir un juste dédommagement à l'entrepreneur, a cependant été déterminée de manière à ce que l'agriculture retrouvât de grands avantages dans les frais de transport. Les barrages qui existent sur la rivière seront franchis à l'aide d'une machine nouvelle dont le concessionnaire est l'inventeur.

La navigation du Drot, destinée aussi à faire prospérer une vaste contrée, avoit eu d'abord de très-heureux résultats; mais les entrepreneurs, qui s'étoient fiés aux promesses verbales des propriétaires riverains pour la concession des terrains destinés à l'ouverture des chemins de halage, n'ont pas tardé à voir se former contr'eux une ligue formidable qui peut-être entraînera leur ruine. Encouragés par quelques jugements rendus en matière de dépossession pour cause d'utilité publique, ces propriétaires réclament de fortes indemnités pour les terrains qu'ils avoient d'abord offerts gratuitement; ils ont même fait tous leurs efforts pour éviter d'en être dépossédés. Ainsi, tout-à-coup, les entrepreneurs ont vu naître de nouveaux obstacles, et ils se sont vus menacés de dépenses considérables qu'ils n'avoient pas dû prévoir, et qui alloient leur enlever toutes leurs ressources. D'un autre côté, le défaut de chemins de halage a rendu la navigation dispendieuse, difficile et quelquefois impossible; et, si j'en crois les rapports qui me parviennent, je dois craindre qu'elle ne soit suspendue très-prochainement.

Celle de la Dronne n'éprouvera pas le même sort; je n'ai voulu donner suite à la demande de l'entrepreneur, que lorsqu'il a eu remis dans mes mains l'adhésion de tous les riverains. Il l'a obtenue sans peine, et presque partout les concessions lui ont été faites à titre gratuit, par ceux-là même qui, à l'exemple des riverains du Drot, n'auroient pas manqué probablement d'élever des prétentions exagérées lorsque les travaux auroient été mis en activité.

MARAIS.

L'état fâcheux des marais de ce département étoit dû au mode d'administration qui les régissoit. Les travaux de desséchement ne pouvoient être entrepris et les taxes imposées qu'avec l'assentiment de tous les intéressés, qui parvenoient rarement, dans leurs réunions nombreuses, à s'accorder sur le choix des moyens.

Les syndicats institués par la loi du 16 Septembre 1807 étoient généralement repoussés par eux ; cependant le petit nombre de ceux qui furent créés procura quelques améliorations, dont l'administration put se prévaloir pour chercher à les multiplier : déjà il en existe pour tous les marais les plus importants ; depuis votre dernière session, j'en ai fait établir six pour les marais des Queyries, de Ludon, de Noxegrand, du Taillandey, de la Rouane, et pour le ruisseau de la Virevée.

Je vais faire de nouveaux efforts afin qu'il en soit créé pour tous les marais et les grands cours d'eau qui sont encore administrés d'après l'ancien mode, et j'ai l'espoir que je ne rencontrerai que peu d'obstacles.

HOSPICES.

MOUVEMENT DE LA POPULATION,

ET SITUATION DES CAISSES.

La population moyenne des hospices du département a été à-peu-près la même en 1827 qu'en 1826 : le tableau suivant l'indique.

| LIEUX | NOMBRE DE JOURNÉES DE | | | | | |
où sont situés LES HOSPICES.	MALADES.	VIEILLARDS.	ORPHELINS.	ENFANTS TROUVÉS.	MILITAIRES.	TOTAL des JOURNÉES.
BORDEAUX........	3oo,o58.	38,914.	26,410.	89,482.	"	454,864.
CADILLAC.........	43,009.	1,591.	"	"	1,296.	45,896.
LIBOURNE........	7,298.	"	"	"	6,638.	13,936.
Ste. FOI.............	3,254.	"	"	"	"	3,254.
LA RÉOLE.......	7,734.	"	"	"	791.	8,525.
MONSÉGUR.......	2,061.	"	"	"	"	2,061.
St. MACAIRE.....	936.	1,552.	"	"	"	2,488.
BAZAS.............	3,989.	"	"	"	1,003.	4,992.
LANGON..........	1,372.	"	"	"	276.	1,648.
BLAYE.............	7,212.	"	"	"	13,396.	20,608.
Totaux..........	376,923.	42,057.	26,410.	89,482.	23,400.	558,272.

En rapprochant le nombre de journées de chaque hospice, des états
de dépenses faites en 1827, constatées au 1er. Janvier 1828, on trouve
les résultats suivants :

NOMS des COMMUNES.	NOMBRE moyen DES JOURNÉES.	DÉPENSES DE 1827.	TAUX moyen de la JOURNÉE.	OBSERVATIONS.
BORDEAUX...............	454,864.	545,836f 80c	1f 20c	
CADILLAC...............	45,896.	68,461 45	1 49	
LIBOURNE..............	13,936.	11,349 90	" 81	
Ste. FOI.................	3,254	2,384 52	" 73	
LA RÉOLE..............	8,525.	7,127 67	" 83	
MONSÉGUR.............	2,061.	5,047 68	2 44	
St. MACAIRE...........	2,488.	5,107 21	2 "	
BAZAS....................	4,992.	4,091 98	" 81	
LANGON.................	1,648.	3,153 93	1 90	
BLAYE...................	20,608.	19,919 64	" 96	
Totaux.............	558,272.	672,474f 78c	1f 20c	Terme moyen.

(30)

La comptabilité des receveurs des hospices n'est établie qu'à compter du 1er. Janvier 1828, de la manière prescrite par l'ordonnance royale du 23 Avril 1823, relative aux communes, et rendue applicable aux hospices par l'ordonnance du Roi, du 24 Décembre 1826.

Les comptes des receveurs des hospices ont été apurés en 1827, conformément aux règles antérieures.

Les jugements rendus par le conseil de préfecture, sur la gestion des comptables des hospices, présentent les résultats suivants.

NOMS des HOSPICES.	COMPTE DE GESTION DE 1826.				DATE des ARRÊTÉS.
	RECETTES.	DÉPENSES.	EXCÉDANT		
			de RECETTES.	de DÉPENSES.	
BORDEAUX...	1,433,610f 14c	1,383,022f 10c	50,588f 4c	"	14 Novbre. 1827.
CADILLAC.....	90,233 50	63,605 8	26,628 42	"	14 Juin idem.
LIBOURNE.....	43,044 44	17,852 41	25,192 3	"	26 Mai idem.
Ste. FOI.........	4,423 10	4,423 10	" "	"	28 idem idem.
LA RÉOLE......	6,036 39	5,936 62	99 77	"	21 Juin idem.
MONSÉGUR...	13,895 95	12,286 5	1,609 90	"	20 idem idem.
St. MACAIRE..	4,447 16	4,429 8	18 8	"	28 Mai idem.
BAZAS...........	5,190 30	5,068 97	121 33	"	20 Avril idem.
LANGON.......	4,883 92	2,984 24	1,899 68	"	24 idem idem.
BLAYE...........	24,949 2	24,720 72	228 30	"	10 idem idem.
Totaux.....	1,630,713f 92c	1,524,328f 37c	106,385f 55c	"	

ENFANTS TROUVÉS.

Rapport de la commission des hospices, du 18 Mars 1828.

Le rapport suivant fera connoître la situation du département relative à la dépense des enfants trouvés, dépense qui exerce une si grande influence sur les fonds du département, sur celui des communes et de la ville.

J'ai réduit le taux des mois de nourrice à compter du 1er. Juillet 1827.

Cette réduction a opéré une différence de 11,535 fr. 47 cent., comparativement aux paiements du premier au deuxième semestre de 1827.

Les dépenses du premier semestre se sont élevées à la somme de.. 127,381ᶠ 5ᶜ

Les dépenses du deuxième semestre de 1827 se sont élevées à.. 115,845 58

Différence en 1827.................. 11,535ᶠ 47ᶜ

La dépense des enfants élevés à la campagne pendant le premier semestre de 1828, s'est élevée à la somme de.................... 107,926ᶠ 27ᶜ

Ce qui suppose un nombre moyen de trois mille cinq cent vingt-sept enfants.

Le mois de nourrice, payé à raison de 6 fr. par mois, auroit coûté.. 126,972 ″

D'où il résulte que le mode de paiement, pendant le premier semestre de 1828, a produit un bénéfice de....... 19,045ᶠ 83ᶜ

La différence résultant du mode de paiement des nourrices, établie ainsi qu'il vient d'être dit, connoissant en outre, aussi approximativement que possible, le nombre d'enfants pour l'année 1828, il est facile de fixer, aussi approximativement que possible, la dépense de 1828.

Nous fixerons ensuite celle de 1829, et nous réglerons enfin l'arriéré antérieur à 1828.

§. Iᵉʳ.

FIXATION DU BUDGET DE 1828.

DÉPENSES.

3527 enfants, à 61 fr. 20 cent............................ 215,852ᶠ 40ᶜ

Frais de visite et d'inhumations d'enfants, ci.... 1,700ᶠ

A reporter................ 1,700ᶠ 215,852ᶠ 40ᶜ

Ce calcul résulte évidemment des états fournis par la commission des hospices.

Budget de la commission.

Report	1,700f	215,852f 40c
Récompense aux nourrices	3,200	
Frais relatifs au nouveau mode d'administration, par suite du changement dans le mode de paiement des nourrices	17,248	
		22,148 "
Total des dépenses		238,000f 40c

RECETTES.

Lettre du Ministre de l'intérieur qui règle le budget de 1828.

Produit des amendes, ressources éventuelles.	4,065f	
Allocation départementale	160,000	
Allocation sur le budget de 1829 de la ville de Bordeaux	27,200	
Allocation sur les budgets des communes en 1829 pour solder 1828	30,000	
		221,265 "
Déficit présumé de 1828		16,735f 40c

Ainsi, malgré le bénéfice résultant de la différence entre le salaire des nourrices, bénéfice constant et évidemment établi, il y aura un déficit probable en 1828, pour le service des enfants trouvés, de la somme de 16,735 fr. 40 cent., déficit auquel il est inévitable de pourvoir.

§. II.

FIXATION DU BUDGET DE 1829.

Tout fait présumer que les dépenses de 1829 ne seront pas au-dessous de celles de 1828, non que la population des enfants trouvés augmente par un plus grand nombre d'expositions, parce que les expositions restent à-peu-près les mêmes, mais parce qu'un plus grand nombre d'enfants est conservé, soit par suite des soins qu'ils reçoivent, ou des effets de la vaccination.

Ainsi, la dépense présumée des enfants trouvés, pour 1829, peut être fixée, par approximation, à la somme de........................ 238,000^f

Les recettes, à celle de.................................... 221,000

DIFFÉRENCE............................ 17,000^f

Voilà donc un nouveau déficit à couvrir en 1829.

§. III.

DES DÉFICITS ANTÉRIEURS A 1828.

La commission des hospices fait remonter l'arriéré dû pour le service des enfants trouvés, à l'exercice 1824; en sorte qu'il est dû .pour solde de 1824, 1825, 1826, 1827.

Tableau du 1er. Août 1828.

Cet arriéré doit résulter de la disposition des budgets. Les dépenses des enfants trouvés se règlent une année à l'avance. Ainsi, le budget de 1824 fut réglé en 1823; celui de 1825 en 1824, et successivement jusqu'à ce jour, où vous réglez par anticipation celui de 1829. Dans ces budgets, le nombre des enfants trouvés n'étant calculé que sur trois mille, les états de mouvement ont justifié qu'il y en avoit un plus grand nombre, et dès-lors s'est établie une différence entre les budgets, les dépenses présumées et les dépenses effectives.

Cependant la commission des hospices ayant soldé de ses propres fonds les traitements des nourrices, se trouve en avance,

sur 1824, de.................................... 7,474^f 80^c

Sur 1825, de celle de.................................... 10,721 83

Sur 1826, de celle de.................................... 23,890 91

Sur 1827, de celle de.................................... 20,279 //

TOTAL des avances dont la commission des hospices
réclame le remboursement........................ 92,366^f 54^c

Je vais parcourir chaque exercice, et réduire, s'il y a lieu, les prétentions de la commission des hospices.

1824.

La dépense des enfants trouvés de 1824 s'est élevée à la somme de.. 220,983^f $''^c$

La commission a reçu en remboursement, produit des amendes et confiscations.. 5,047^f 14^c

Revenus particuliers............................ 1,867 $''$

Fonds du département....................... 160,000 $''$

En 1825, fonds de la ville de Bordeaux pour couvrir les déficits de 1824............. 27,200 $''$

Il fut imposé sur les communes, en 1825, pour solder 1824..................... 21,000^f $''^c$

Il a été mis à la disposition de la commission................ 19,393 5   19,393 5

1,606^f 95^c

Total des paiements................. 213,507^f 19^c 213,507 19

Déficit............... 7,474^f 81^c

1825.

En 1825, la dépense des enfants trouvés s'est élevée à la somme totale de..,........................ 225,941^f 30^c

La commission des hospices a reçu en remboursement,

1°. Produit des amendes et confiscations... 2,431^f 47^c

2°. Revenus particuliers..................... 1,888 $''$

A reporter.................. 4,319^f 47^c 225,941^f 30^c

Report................. 4,319^f 47^c 225,941^f 30^c

3°. Allocation du conseil général........... 160,000 //

4°. Contingent de la ville de Bordeaux.... 27,200 //

Il fut imposé en 1826 sur les communes,
pour couvrir le déficit de 1825. 24,039^f 40^c

L'administration des hospices
a reçu en paiement............... 23,700 // 23,700 //

              215,219^f 47^c

    Reste à recouvrer...... 339^f 40^c

              Reste dû à la commission............ 10,721^f 83^c

Les dépenses des enfants trouvés se sont élevées en 1826 à la somme
de.. 239,665^f 60^c

La commission des hospices a reçu en remboursement,

1°. Le produit des amendes de police.... 2,631^f 94^c

2°. Revenus particuliers de l'établissement. 1,942 75

3°. Allocation du budget départemental... 160,000 //

4°. Allocation du budget de la ville........ 27,200 //

En 1827, il fut imposé sur les communes,
pour couvrir le déficit de 1826. 24,233^f 88^c

Sur cette somme, les hospices
ont reçu,

1°.................... 3,000^f

2°.................... 12,000

3°.................... 3,000

4°.................... 6,000

              24,000 // 24,000 //

              215,774 69

    Reste à recouvrer..... 233^f 88^c

              Déficit............................. 23,890^f 91^c

1827.

La dépense des enfants trouvés, en 1827, s'est élevée à la somme de.. 241,883ᶠ 7ᶜ

La commission des hospices a reçu en déduction,

1°. Produit des amendes de police.......... 2,462ᶠ 11ᶜ

2°. Revenus de l'établissement............... 1,941 48

3°. Fonds de département.................... 160,000 ″

4°. *Idem* de la ville........................... 27,200 ″

Il a été imposé sur les communes, en 1828,
pour couvrir le déficit de 1827...... 32,168ᶠ

Versé à la caisse des hospices..... 21,000

RESTE à recouvrer....... 11,168ᶠ

Les hospices recevront donc................. 32,168 ″
                                                          223,771 59

DÉFICIT de 1827...................... 18,111ᶠ 48ᶜ

Le déficit pour dépenses des enfants trouvés élevés à la campagne vient d'être établi, contradictoirement avec la commission des hospices, à la somme de

SAVOIR :

1824...	7,474ᶠ 81ᶜ
1825...	10,721 83
1826...	23,890 91
1827...	18,111 48
1828...	16,735 40
1829...	17,000 ″

TOTAL.................... 103,934ᶠ 43ᶜ

Pour éteindre le déficit et assurer le service de 1828 et 1829, j'ai l'honneur de vous proposer un vote extraordinaire et spécial de 3 cent. en 1829.

3 cent. produisent une somme de 107,154 fr., et la somme à payer est de 93,934 fr. 43 cent.

L'administration a tout fait pour réduire la dépense des enfants trouvés; elle s'est vue et se voit à la veille de voir le service entièrement paralysé faute d'avances; car dans le système de paiement des nourrices à domicile, il faut verser les fonds par anticipation dans la caisse du receveur général, et ces fonds ne sont exigibles et ne rentrent dans la caisse des hospices que postérieurement aux paiements effectués.

HOSPICE DE CADILLAC.

ALIÉNÉS.

Les travaux de l'hospice des aliénés de Cadillac s'exécutent avec rapidité. En mettant sous vos yeux le plan de cet établissement, j'ai l'honneur de vous annoncer que les constructions de la partie EB, HE, est terminée, et que la partie CI est sur le point de l'être, et le seroit déjà sans la concession d'un chemin qui borde la partie C, et dont je demande l'abandon à la commune.

Cette entreprise devoit s'élever, d'après le devis approuvé par le Ministre, à la somme de... 130,797^f

L'adjudication a fait élever la dépense à..................... 120,334

DIFFÉRENCE...................................... 10,463^f

Il est présumable que ce boni sera absorbé par les augmentations des travaux qu'ont occasionnés les fouilles des fondations.

Toutefois, j'ai dit dans mes précédents rapports qu'il seroit pourvu à la dépense, au moyen des fonds réalisés ou réalisables.

Savoir :

Sur les bénéfices de la maison................................. 23,000^f

Sur les deux allocations au budget départemental 1826 et
1827.. 20,000

Sur les produits des ventes autorisées de maisons dépendantes
de l'hospice.. 50,000

Sur des recouvrements arriérés................................ 18,000

Sur une retenue sur l'entrepreneur, payable dix ans après
la remise des travaux.. 12,000

Total...................... 123,000^f

Toutefois, Messieurs, et comme je viens de le dire, il y aura une augmentation d'ouvrage; j'aurai l'honneur de proposer une allocation de 10,000 fr., pour travaux de constructions, au budget de 1829.

L'hospice de Cadillac ainsi restauré, pourra recevoir un grand nombre de malades, pensionnaires ou interdits, et alors cet établissement départemental aura besoin d'un réglement intérieur qui puisse dédommager celui-ci de ses sacrifices.

Mais en même temps que le département reçoit et prend à sa charge les aliénés indigents, ne semble-t-il pas que les communes devroient contribuer à la dépense, par une somme qui, une fois payée à l'hospice, se capitaliseroit, créeroit plus tard des ressources, et finiroit par affranchir le département de l'allocation qui grève son budget.

Dans un hospice de malades, les individus admis sortent guéris, ou succombent à leur maladie; mais en résultat, l'hospice s'évacue : mais dans un hospice d'aliénés, les guérisons ou les décès ne laissent pas assez de places disponibles pour les admissions, en sorte que les malades s'encombrent et les dépenses s'augmentent.

Ces observations mériteront peut-être de fixer votre attention.

BUREAUX DE BIENFAISANCE.

SITUATION DES CAISSES D'APRÈS LES COMPTES DE 1826.

Les receveurs des bureaux de bienfaisance ont rendu leurs comptes de gestion de 1826 en 1827.

La balance de ces comptes présente les résultats suivants.

NOMS des ARRONDISSEMENTS.	COMPTES DE GESTION DE 1826.		EXCÉDANT		DATE DES ARRÊTÉS.
	RECETTES.	DÉPENSES.	de RECETTES.	de DÉPENSES.	
BORDEAUX (Ville)......	161,072f 76c	126,821f 85c	34,250f 91c	″f ″c	27 Octobre 1827.
BORDEAUX (Arrondt.)..	26,528 26	9,165 75	17,407 76	45 25	Diverses.
LIBOURNE..................	40,490 46	7,523 17	32,967 29	″ ″	18 Octobre 1827.
LA RÉOLE..................	1,580 39	560 66	1,019 73	″ ″	12 Juin idem.
BAZAS......................	8,353 28	6,930 78	1,422 50	″ ″	31 Mai idem.
BLAYE......................	9,741 63	3,645 77	6,095 86	″ ″	18 Octobre idem.
LESPARRE..................	9,184 29	904 95	8,279 34	″ ″	Idem.
Totaux............	256,951f 70c	155,552f 93c	101,443f 39c	45f 25c	

Les comptes de 1827 se rendent avec la même exactitude, et les résultats n'en sont pas moins satisfaisants.

MONT-DE-PIÉTÉ.

L'administration du Mont-de-Piété, toujours régulière dans sa marche et réglée dans ses opérations, ne donne lieu à aucune observation. Le zèle et les soins de MM. les administrateurs garantissent le succès de l'établissement.

SOCIÉTÉ DE CHARITÉ MATERNELLE.

La société de charité maternelle a rendu le compte de ses travaux pendant l'année 1828.

MENDICITÉ.

Le succès le plus complet a couronné la tentative d'anéantir la mendicité dans la ville de Bordeaux. Les mendiants ont disparu, et ceux qui sont admis dans le dépôt y trouvent un bien-être qui ne leur permet pas de regretter la pénible et honteuse profession à laquelle ils avoient dû jusque-là leurs moyens d'existence. Fidèles à leurs engagements, les citoyens qui ont si puissamment aidé l'administration, ont acquitté le montant de leurs souscriptions avec une telle régularité, que les non-valeurs pour l'exercice expiré ne s'élèvent pas à 5 p. 100.

Mes efforts pour extirper la mendicité dans les autres villes et dans les campagnes, sans avoir été aussi heureux, ont cependant produit quelqu'effet. Sur certains points, ce fléau a disparu; il est fort diminué sur beaucoup d'autres. Je continuerai avec la même persévérance à presser l'exécution des mesures que j'ai prescrites dans les lieux où elles ont été négligées.

SOURDS-MUETS.

Dans les sessions précédentes, il a été établi que S. Ex. le Ministre de l'intérieur avoit autorisé de grands travaux à la maison des sourds-muets.

Les fonds faits jusqu'à ce jour pour ces travaux s'élèvent à la somme de 84,000 fr., conformément aux adjudications. J'espère que dans le courant de 1829, un nouveau secours mettra l'administration à même d'achever sa belle entreprise.

Je solliciterai au budget départemental, pour l'année 1829, la somme de 2,000 fr., pour la pension de quatre boursiers à la charge du département admis dans cet établissement.

DONS ET LEGS.

Ainsi que j'ai eu l'honneur de vous le dire l'année dernière, les dons et legs faits aux communes et établissements publics se sont élevés, de 1824 au 1er. Août 1827, à la somme de........................... 221,820f

Ceux faits du 1er. Août 1827 au 1er. Septembre 1828, se sont élevés à la somme de... 78,474

Total................................... 300,294f

Ces legs, au fur et à mesure que leur acceptation est autorisée, sont employés en acquisition de rentes sur l'état, sauf les cas où les testateurs ou donateurs en disposent autrement.

FONDS DES PENSIONS DE RETRAITE

DES EMPLOYÉS.

Il résulte du compte courant transmis par la caisse des dépôts et consignations, à l'époque du 31 Décembre 1827, que le fonds des pensions de retraite des employés de la Préfecture, étoit de 1,598 fr. de rente, ci.. 1,598f

Ce fonds s'est accru depuis le 1er. Janvier dernier, soit par la somme allouée à cet effet par le budget du département, exercice 1828, soit par l'effet des retenues, d'une rente de............ 301

La caisse des retraites est donc en possession d'une rente de... 1,899f

J'ose espérer que le conseil général voudra bien conserver au budget de 1828 la même allocation de 4,666 fr., comme il l'a fait les années précédentes.

CULTE CATHOLIQUE.

L'action de l'administration s'est portée en 1828, avec la même activité que les années précédentes, vers les acquisitions, réparations et constructions des presbytères et des églises.

À l'époque du rétablissement du culte, il fut établi, dans le diocèse de Bordeaux, environ trois cent cinquante-trois titres de cure ou de succursale, ci... 353.

À l'époque de 1816, il existoit cent soixante-quatorze presbytères provenant de l'ancienne dotation.................................... 174.

Depuis 1816 jusqu'au 31 Décembre 1826, il en avoit été acquis ou rachetés.. 104.

Depuis le 18 Janvier jusqu'à ce jour............................ 15.
—— 293.

Reste à acquérir, environ..................... 60.

Les acquisitions qui restent à faire se portent principalement dans des communes rurales, où la difficulté devient d'autant plus grande, qu'il y a moins de maisons en vente et moins d'aisance territoriale; mais le temps et la persévérance amèneront nécessairement à ce but désirable, que chaque paroisse ait un logement pour son curé ou desservant.

Les communes continuent toujours à voter des suppléments de traitement pour les ministres du culte, pour les réparations, acquisitions et reconstructions. Ainsi, les budgets de 1828 sont chargés, pour ces différentes dépenses, d'une somme de 245,068 fr. 80 cent., répartie de la manière suivante :

*Relevé des sommes pour lesquelles les communes concourent,
en 1828, au culte paroissial.*

NOMS des ARRONDISSEMENTS.	SUPPLÉMENT de traitement.	VICAIRES.	INDEMNITÉ de logement.	RÉPARATIONS.	ACQUISITIONS.	TOTAL.
BORDEAUX........	33,278f 85c	6,300f ''c	13,820f 89c	42,353f 73c	11,176f ''c	106,929f 47c
LIBOURNE........	9,445 ''	2,200 ''	5,532 34	8,458 ''	7,917 35	33,552 69
LA RÉOLE........	3,640 ''	950 ''	1,177 ''	2,640 ''	3,141 40	11,548 40
BAZAS............	3,279 ''	1,600 ''	390 ''	2,266 66	3,560 ''	11,095 66
BLAYE............	4,400 ''	970 ''	470 ''	1,666 66	13,136 83	20,643 49
LESPARRE........	2,250 ''	1,000 ''	650 ''	14,158 33	2,238 76	20,297 9
						204,066f 80c
	Rappel des dépenses non soldées en 1827................					41,002 ''
						245,068f 80c

Les budgets de 1829 présenteront à-peu-près les mêmes résultats.

PETITS SÉMINAIRES

DE BORDEAUX ET DE BAZAS.

L'ordonnance du Roi, du 16 Juin 1828, a réglé le nombre de petits séminaires qui seront établis dans chaque diocèse, et déterminé le nombre d'élèves que chaque diocèse pourra admettre dans ces maisons.

Avant cette ordonnance, MM. les Archevêques de Bordeaux avoient deux petits séminaires : l'un à Bordeaux, sous le nom de *Petit Séminaire-Collége,* et l'autre à Bazas, sous le nom de *Petit Séminaire de Bazas.*

Ces deux institutions étoient dans deux maisons devenues diocésaines :

l'une, l'ancienne maison de mendicité, concédée à MM. les Archevêques de Bordeaux pour y établir *un petit séminaire*, à la charge d'y
entretenir vingt boursiers, et sous la réserve que, dans le cas où les
conditions de la donation ne seroient pas remplies, la maison retour-
neroit au donateur, c'est-à-dire, au département.

A Bazas, le petit séminaire étoit devenu propriété diocésaine par l'effet
d'une concession faite par le département à Mgr. l'Archevêque, et d'une
concession de Mgr. l'Archevêque au département, de la partie de l'ancien
séminaire de Bazas, qui leur appartenoient réciproquement.

Mgr. l'Archevêque de Bordeaux ne pouvant plus avoir, aux termes
des nouvelles ordonnances, qu'un seul petit séminaire, s'est décidé pour
le petit séminaire de Bordeaux. C'est dans ce séminaire que sera établi
ou transféré le petit séminaire de Bazas.

La maison du petit séminaire de Bazas sera affectée à un collége, dont
la ville de Bazas se propose de solliciter l'érection.

Ainsi, la concession faite à MM. les Archevêques de Bordeaux de l'ancienne maison de mendicité, n'éprouve aucun changement par l'effet
de l'ordonnance nouvelle.

Une bourse à votre nomination est devenue vacante. J'ai pourvu,
pendant la vacance, à l'occupation de la bourse par un élève de Bordeaux, dont S. A. R. Madame la Dauphine m'avoit demandé l'admission
provisoire. Sur le refus de l'élève, le jeune Gassiot occupe cette place
jusqu'à l'époque du concours, qui n'a pu être ouvert, dans l'incerti-
tude où l'administration étoit placée sur le maintien de l'institution.

Ce concours sera ouvert au commencement de l'année classique pour
cette place et pour celles qui seront vacantes, afin qu'il y soit pourvu
selon les formes voulues par l'acte de donation. Mais ici se présente
une question sur laquelle je crois devoir appeler toute votre attention.

Lorsque le conseil général a consenti à la concession des bâtiments
destinés au dépôt de mendicité, en faveur de l'archevêché, sous la

condition que vingt élèves désignés par le conseil général y seroient entretenus gratuitement, l'institution dans laquelle ils devoient être reçus, n'avoit pas le caractère exclusivement ecclésiastique que va prendre celle que Mgr. l'Archevêque se propose d'y établir; les élèves que vous avez dotés des bourses disponibles, n'étoient pas destinés au sacerdoce : il en seroit tout autrement dans le nouvel état des choses. Sur l'observation que j'ai dû faire à ce sujet, Mgr. l'Archevêque m'a fait la proposition de faire acquitter par l'établissement qu'il a le projet de former à Bazas, les conditions du traité passé entre son prédécesseur et l'administration. L'établissement de Bazas, quoique dirigé par des ecclésiastiques, aura le caractère d'un collége; il sera soumis aux règles universitaires, et l'éducation aura le caractère de celle qui est distribuée dans les maisons ordinaires d'éducation. Je dois, Messieurs, vous soumettre cette proposition, et vous inviter à en faire l'objet d'une délibération.

CULTE PROTESTANT.

Toutes les dispositions entre le consistoire de l'église réformée de Sainte-Foi et les communes de Sainte-Foi, de Saint-Avit du Moiron et des Lèves, ont été exécutées; l'église consistoriale de Sainte-Foi est en possession de son temple; les paroisses des Lèves et de Saint-Avit du Moiron sont en possession de leur église.

Dans vos précédentes sessions, vous avez voté trois bourses pour les élèves du département admis à la faculté de théologie protestante de Montauban. Je réclame en leur faveur la somme de 1,200 fr. pour le service de ces trois bourses en 1829.

CULTE ISRAÉLITE.

Le consistoire israélite de Bordeaux pourvoit aux dépenses générales et aux dépenses locales de son culte, au moyen des taxes qui se perçoivent légalement sur les israélites eux-mêmes.

Vous voulûtes bien accorder, l'année dernière, une somme de 600 fr. aux israélites pour l'instruction primaire de leurs enfants. J'ai l'honneur de vous proposer la même allocation pour l'année 1829.

ROUTES ROYALES.

Le bon emploi des fonds affectés au service des routes royales, a jusqu'à ce moment préservé ces communications d'une détérioration complète; mais on ne pourra plus se promettre les mêmes résultats, si l'on n'obtient les moyens de conserver les grands travaux exécutés à d'autres époques, et d'en faire faire sur les parties les plus dégradées et qui sont maintenant très-nombreuses.

La route de Bordeaux à Bergerac, celle de Bordeaux à Bayonne par les grandes landes, celle de Paris à Bayonne par Bazas, au-delà de cette ville, et celle de Bordeaux à Saint-Malo, exigent des travaux dispendieux : un projet avoit été dressé pour cette dernière; il s'élève à la somme de 58,800 fr. M. le directeur général des ponts et chaussées l'a renvoyé, en faisant connoître que le défaut de ressources l'oblige à en ajourner indéfiniment l'exécution.

Ces routes établissent des communications d'un intérêt général qu'il importe de maintenir, et qui cependant pourroient être interrompues, si leur état n'étoit prochainement amélioré. Votre sollicitude éveillera, je n'en puis douter, l'attention de l'autorité supérieure, qui écoutera les vœux que probablement vous formerez, pour que des crédits, depuis long-temps demandés, soient spécialement destinés à des travaux dont on s'accorde à reconnoître l'urgence.

La nouvelle route entre Bordeaux et Libourne est entièrement terminée; elle a été livrée au public depuis le mois de Novembre dernier. Dès le mois de Juin, un relais de poste y a été établi; il a été placé à Beychac.

La continuation de l'embranchement qui doit la lier avec le pont de

Bordeaux, par la traverse des Queyries, éprouve encore des difficultés provenant de l'insuffisance des fonds. Ouvert jusqu'au sommet du coteau, il reste peu à faire pour le poursuivre jusqu'à la route n°. 10 de Paris. Il seroit fâcheux que M. le directeur général persistât dans la résolution qu'il a manifestée d'en ajourner les travaux jusqu'après l'achèvement de ceux des abords du pont de Bordeaux. Ne seroit-il pas préférable de ralentir ces derniers du côté de la Bastide, où rien ne les rend urgents, et d'affecter à la route la portion des crédits qui leur est destinée? C'est encore un objet sur lequel vos vœux pourront, j'en suis persuadé, amener une détermination utile.

ROUTES DÉPARTEMENTALES.

Les travaux des routes départementales ont été continués avec toute l'activité que permettoient les ressources dont on pouvoit user. Comme précédemment, un grand nombre de communes se sont empressées de fournir des prestations, qui ont offert les moyens de donner quelque extension aux réparations.

Le crédit de 1828 a été employé au paiement des dépenses auxquelles avoit donné lieu, en 1827, le remaniement et la confection d'une très-grande partie de la chaussée pavée de cette route, que quelques nouvelles réparations peu dispendieuses mettront à l'état d'entretien.

Route n°. 1, de Lormont au Carbou-Blanc.

J'ai eu l'honneur de vous faire connoître, dans vos sessions antérieures, l'état fâcheux de cette route, dont la restauration complète est évaluée à 260,000 fr. Les foibles crédits qu'elle a obtenus jusqu'à ce moment n'ont pu être employés qu'à la réparation des plus mauvais points de la partie comprise entre Saint-Macaire et Sauveterre, et entre cette dernière ville et Saint-Léger. Pendant les premières années, les communes se sont imposées de grands sacrifices pour ces travaux; elles ont fait peu en 1828, la perte de la presque totalité de leurs récoltes ne leur ayant laissé que de foibles ressources.

Route n°. 2, de Saint-Macaire à Sainte - Foi, par Sauveterre.

Elle est maintenant, à peu de chose près, à l'état d'entretien, et

Route n°. 3, de Libourne à Saint-Pey d'Armens.

n'exigera désormais que de modiques dépenses, attendu qu'elle ne servira qu'aux communications avec Castillon et Sainte-Foi, un embranchement ayant été ouvert par Vignonet pour unir la route n°. 13 avec Libourne.

Route n°. 4, de Bordeaux à la Teste.

J'ai fait continuer la chaussée en gravier de la partie de cette route située au-delà du territoire de Pessac; elle a été rechargée également en gravier, entre Pessac et Bordeaux. Sur les points les plus sablonneux et où l'on ne trouve pas de matériaux, j'ai fait faire des chaussées en brande qui l'ont rendue très-roulante. Il a été pourvu aussi à l'entretien des portions très-étendues précédemment restaurées. Cette route est maintenant ouverte et praticable sur toute sa longueur. Les voitures partant de Bordeaux, qui font le service des bains de la Teste, se rendent en huit heures de marche dans ce bourg. Quelques communes intéressées ont fourni des prestations en nature.

Cette communication exige encore d'importantes améliorations, qui seront opérées dans un petit nombre d'années, si, comme je n'en doute pas, vous continuez d'y affecter des fonds.

Route n°. 5, de Libourne à Saint-André de Cubzac.

Le rechargement des chaussées déjà construites et la réparation de quelques mauvais passages ont absorbé le crédit de 2,000 fr. ouvert à cette route par le budget de 1828. Il reste peu de travaux à faire pour la mettre à l'état d'entretien.

Route n°. 6, de Bordeaux à Mérignac.

Au moyen des 1,000 fr. alloués cette année, on a entretenu les portions réparées, et fait disparoître les dégradations qui existent sur plusieurs points.

Route n°. 7, de Bordeaux à St. Médard.

Cette route, qui sert au transport des produits d'une partie des landes de l'arrondissement de Bordeaux, est ouverte sur un sol sablonneux; elle n'avoit été réparée que sur une étendue d'à-peu-près une lieue, à partir de cette ville.

De nombreuses réclamations me furent adressées l'année dernière par les propriétaires qui en empruntent l'usage, et par l'administration de la poudrière, dont les produits sont apportés à Bordeaux par cette voie.

Ces réclamations étoient accompagnées d'une souscription s'élevant à 3,400 fr. : je crus ne pas devoir négliger cette offre, et je passai de suite un marché pour la construction d'une chaussée en pierre et en gravier dans la partie de la route la moins praticable, et dont l'étendue est de quinze cents mètres.

Ce travail et quelques réparations exécutées sur d'autres parties ont rendu cette communication roulante, et maintenant les transports entre Saint-Médard et Bordeaux se font avec beaucoup d'économie. Le projet de budget renferme des propositions pour faire face aux dépenses qui restent encore à payer.

C'est sur cette route que se trouvoient, dans la rue Judaïque Saint-Seurin, les bâtiments appartenant à la famille Gaubric; ils rétrécissoient tellement la voie, que deux voitures ne pouvoient se croiser sur ce point. Je suis parvenu à traiter, pour la totalité de ces bâtiments, moyennant la somme de 25,000 fr., qu'un rapport d'experts accordoit pour *l'un* des quatre seulement. La ville a pris à sa charge une somme de 15,000 fr.; j'ai obtenu des intéressés une souscription de 2,700 fr., et l'excédant a été imputé sur les fonds du département.

Je savois, Messieurs, que depuis long-temps vous aviez manifesté le désir de voir disparoître cette construction, cause de fréquents accidents, et je me suis hâté de profiter de la bonne volonté des propriétaires, bien persuadé que vous approuveriez que j'eusse pris sur moi d'affecter à cet objet des sommes qui ne leur étoient pas destinées.

Les routes de la banlieue ont été relevées à bout sur une grande étendue; leur entretien est très-dispendieux : il coûte annuellement au département 6,000 fr. L'état de celle qui parcourt la rue Pont-Long excite de vives réclamations; on ne pourroit plus différer de refaire le pavé, sans compromettre la sûreté publique : c'est un travail auquel il faudra pourvoir au moyen des fonds de 1829. Bordeaux banlieue, N^{os}. ,
6, 7 et 14.

La construction d'un pont sur le ruisseau le Chalaure, limite de la Gironde et de la Dordogne, et dont la dépense est supportée par moitié Route n°. 8, de Libourne
à Larochechalais.

par les deux départements, a absorbé la presque totalité du crédit ouvert pour cette route; le reste a été employé en entretien, à la construction de plusieurs ponceaux, et à la réparation de quelques passages difficiles.

Route n°. 9, de Langoiran au Pavillon, par Créon.

Quelques parties de cette route, que l'ouverture d'un chemin se dirigeant sur Libourne par Camarsac rendra beaucoup plus importante, ont été réparées; mais il existe encore de longues portions dont la restauration sera très-dispendieuse. Les communes ont beaucoup fait aussi pour cette route.

Route n°. 10, de Bordeaux à Saint-Macaire.

Je croyois pouvoir vous annoncer que la portion de cette route, qui passe par Latresne, Meynac, Saint-Caprais, etc., avoit, d'après vos vœux, été classée départementale; mais le gouvernement n'a pas encore fait connoître sa décision. J'ai su récemment qu'il alloit s'occuper de cet objet, et que le rapport du directeur général des ponts et chaussées étoit conforme à votre délibération. Malgré ce retard, les travaux n'ont pas été abandonnés; un pont a été construit sur le ruisseau de Latresne; la rampe de la côte qui porte le même nom a été ouverte, nivelée et gravée en partie; les terrassements ont aussi été faits dans Meynac; en sorte que la communication entre Bordeaux et Saint-Caprais est maintenant établie. Après Saint-Caprais, la route est également ouverte jusqu'à l'extrémité de Tabanac.

Les travaux seront continués dans cette dernière commune et au-delà, aussitôt que la classification sera connue; elle est attendue avec impatience par les propriétaires et les communes qui ont souscrit, et qui désirent que l'on fasse prochainement l'emploi des prestations et des sommes disponibles.

On a rechargé plusieurs parties de la même route, entre Latresne et la route de Paris, et entretenu les anciens travaux.

La contestation à laquelle a donné lieu le redressement de la Seleyre est enfin terminée, et pour seize ares, *un peu moins de demi-journal* de terrain, complanté en vigne de trois ans, il a été accordé au sieur Vignial, par arrêt de la cour royale, une indemnité de...... 7,742ᶠ 60ᶜ

Route n°. 11, de Bazas à Casteljaloux.

Quoiqu'il ait été déjà dépensé beaucoup sur cette route, à cause du haut prix de matériaux qu'il faut aller chercher au loin, elle n'est pas parfaitement viable sur toute son étendue; son état exige encore des sacrifices. Les travaux qui devoient y être exécutés cette année n'ont été faits qu'en partie, attendu qu'au moment où ils ont été mis en activité, les communes qui avoient offert des prestations se sont montrées peu disposées à les fournir. J'apprends cependant que les nouvelles tentatives qui ont été faites auprès d'elles les ont déterminées à remplir leurs engagements. Les travaux seront donc repris dès qu'elles auront transporté des matériaux à pied d'œuvre.

Il a fallu solder la dépense très-élevée en indemnités et en travaux faite l'année dernière, pour ouvrir et confectionner cette route dans la traverse de la ville de Bourg. L'excédant du crédit a été employé à l'entretien des chaussées construites sur presque toute l'étendue de cette route, entre la Dordogne et Pugnac. Cet entretien devra être continué avec beaucoup de soin, et l'on pourra poursuivre les travaux après Pugnac, si les communes veulent y participer.

Route n°. 12, de Bourg à
Montlieu.

Cette route se lioit autrefois avec celle de Saint-Pey d'Armens; ce qui, pour aller de Libourne à Saint-Jean de Blaignac, obligeoit à faire un trajet considérable. Un embranchement à-peu-près direct a été ouvert pendant les campagnes de 1827 et 1828 entre ces deux points, par Vignonet; il raccourcit la distance d'environ trois mille mètres.

Route n°. 13, de Libourne
à Bazas.

Les fonds affectés à cette route ont constamment été insuffisants, eu égard à ses besoins : tracée sur un terrain généralement de mauvaise qualité, il faut à-peu-près partout des travaux d'art qui absorbent promptement les crédits. Ceux qu'il faut encore faire, surtout entre la Réole et Bazas, seront très-coûteux. Sur cette partie, se trouve la côte d'Aillas, où l'on devra changer la direction de la route pour prendre ce coteau à revers. Cette communication, dont l'importance vous est parfaitement connue, a soixante-huit mille mètres de longueur; un pont en fer est maintenant en construction au point où elle coupée par le Drot, à Labarthe. Vous n'aurez point à faire face aux frais de ce travail, dont l'entrepreneur sera dédommagé au moyen de la concession, pendant quatre-vingt-dix-neuf ans, d'un péage qui fait revivre, à quelques changements près, le tarif du bac que le pont doit remplacer.

Route n°. 14, de Bordeaux au Verdon.

On a entretenu les portions réparées, et exécuté quelques terrassements sur la partie qui traverse le Taillan, où, l'année dernière, on fit des travaux que la nature du sol, très-humide, rendit fort dispendieux; on s'occupe aussi maintenant de la restauration des chaussées de l'Hervault et de Lescapout, au-delà de Lesparre. Les communes ont fait des sacrifices assez remarquables sur ces deux points, où il faudra employer une portion des fonds de 1829.

Il faudra aussi, pendant cet exercice, travailler à la construction d'un pont au *Pas de Saussas,* où quelquefois, en hiver, les eaux se rendent en si grande abondance, qu'elles interceptent les communications.

Route n°. 15, de la Réole à Duras, par Monségur.

Les travaux de cette route n'ont été commencés que fort tard; ils sont maintenant en activité; ils ont pour objet son ouverture, des remblais, et quelques empierrements sur les parties les plus mauvaises. Les communes et les propriétaires intéressés paroissent se montrer empressés à seconder l'administration; leur concours allégera la charge que le département auroit eu à supporter pour établir cette communication, dont il n'existoit aucune trace il y a deux ans.

Route n°. 16, de Preignac à Villandraut.

La restauration de cette route se poursuit avec activité, grâce aux bonnes dispositions que l'on a trouvées chez les communes intéressées, notamment celle de Noaillan, qui mérite une mention particulière pour sa persévérance à faire des sacrifices.

Dans peu d'années, cette communication, dont l'utilité est vivement sentie, pourra être mise à l'état d'entretien.

Route n°. 17, de Libourne à Bordeaux.

La portion de l'ancienne route n°. 89 de Bordeaux à Lyon, comprise entre le poteau d'Ambarès et la Dordogne, abandonnée par l'état depuis l'ouverture de la route directe par Arveyres, a été classée départementale sous le n°. 17, par une ordonnance royale du 13 Février dernier. Vous aurez désormais à pourvoir à sa conservation; dans ce moment, on en répare la portion qui traverse Saint-Loubès, dont le mauvais état compromettoit la sûreté des voyageurs.

Route n°. 18, de Bordeaux à Pauillac.

La route de Pauillac, qui précédemment portoit le n°. 14 (*bis*), a aussi été classée départementale par la même ordonnance.

Il a été construit plusieurs ponceaux, des ateliers ont été employés à son entretien sur les parties réparées. Dans ce moment, on travaille dans les communes de Soussans, de Lamarque et d'Arcins, et l'on va s'occuper de la reconstruction de l'un des ponts existants sur la levée qui traverse les marais de cette dernière.

L'un des deux ponts en pierre construits sur la même route, à Beychevelle, est dans un état de dépérissement qui exige que l'on procède à sa reconstruction; elle seroit très-dispendieuse pour le département, si la communauté des marais de Beychevelle ne vouloit pas profiter de cette reconstruction pour lier au pont une écluse qui protège le desséchement de ces marais et facilite une petite navigation qu'elle vient d'y établir. Les frais de ces ouvrages, dont l'entretien, si ce n'est celui de la voûte du pont, sera laissé à la charge de la compagnie, sont évalués en totalité à 40,000 fr. La compagnie demande que le département y contribue seulement pour 8,000 fr. Cette proposition est évidemment avantageuse à ce dernier, et vous penserez, j'en suis certain, que je dois l'accepter. Si vos ressources ne permettoient pas de faire figurer cette somme au budget de 1829, on n'éprouveroit, je crois, aucune difficulté à en ajourner le vote à l'année 1830.

Je ne dois pas terminer cet article sans vous parler du désir exprimé par un grand nombre de propriétaires et de communes que cette route soit continuée et regardée comme départementale jusqu'à Lesparre : spontanément, et sans aucun secours, ils ont ouvert la route sur toute cette étendue; des remblais considérables ont été faits, des ponts construits, et des chaussées en gravier établies.

Voici l'évaluation des dépenses qu'ils ont faites :

En prestations en nature. .... 12,179^f 40^c

En souscriptions. .... 7,360 //

Valeur des terrains abandonnés. .... 6,600 //

Total. .... 26,139^f 40^c

Si, adoptant la proposition que j'aurai l'honneur de vous faire, vous demandez la création d'une imposition extraordinaire, vous ne perdrez pas de vue les sacrifices que se sont imposés ces propriétaires et ces communes, et vous vous montrerez sûrement disposés à soutenir leur zèle.

Route n°. 19, de Sainte-Foi à la Sauvetat.

La réparation de cette route, commencée l'année dernière, a été continuée cette année au moyen du crédit que vous lui avez ouvert, des prestations en nature, et des matériaux offerts par les communes et quelques propriétaires.

L'utilité de cette communication est vivement sentie par ces communes; et si, comme je dois le croire d'après leurs promesses, elles continuent à seconder l'administration, on en complètera la restauration en très-peu de temps.

L'ordonnance du Roi, du 23 Février, l'a classée parmi les routes départementales.

Chemin de Libourne à Montlieu, par Guîtres.

L'ouverture du chemin de Libourne à Montlieu, par Guîtres, auquel vous avez accordé des fonds dans vos deux dernières sessions, est terminée dans le département de la Gironde. Pour rendre ce chemin très-roulant, il suffira de faire quelques travaux vers la Guirande.

J'ai des motifs de croire que l'administration du département de la Charente inférieure, reconnoissant l'utilité de ce chemin, ne fût-ce que pour faciliter le transport des produits de la contrée qu'il traverse, le fera aussi tracer sur son territoire; et plus tard, lorsqu'il sera à l'état d'entretien, il sera mis, j'en ai l'assurance, à la charge du trésor.

Je vous proposerai donc de continuer à le comprendre au budget, afin que l'on puisse le terminer dans la Gironde. La communication qu'il crée sera d'autant plus facile désormais, que dès le printemps prochain, on passera l'Isle devant Guîtres, sur le pont en fer que l'on y construit maintenant.

Chemin de Saint-André de Cubzac à Guîtres.

Le chemin qui de Guîtres vient s'embrancher sur la route de Paris à Saint-André de Cuzbac, est aussi ouvert d'une extrémité à l'autre. C'est encore ici aux communes et à quelques propriétaires intéressés que l'on doit les ressources au moyen desquelles des travaux considérables ont été exécutés.

Les maires ont déployé beaucoup de zèle; je dois surtout vous signaler celui dont a fait preuve M. Coureau, propriétaire à Périssac, que j'ai nommé commissaire de l'administration : c'est particulièrement à ses efforts que l'on a dû l'ensemble qui a régné dans les travaux, l'activité qui leur a été imprimée, et le succès de toutes les négociations entamées pour amener les propriétaires à céder gratuitement les portions de terrains, quelquefois d'un grand prix, qu'il a fallu occuper.

Pour soutenir les bonnes dispositions des communes, je crois devoir vous proposer d'acccorder à ce chemin un crédit de 2,000 fr. (1)

CHEMIN DE S^T. SULPICE AU PAVILLON.

Dans votre dernière session, vous avez annoncé l'intention d'élever au rang de route départementale le chemin ouvert, aux frais des communes intéressées, entre Saint-Sulpice et le Pavillon, lorsqu'il auroit été mis à l'état d'entretien, et vous avez même déjà accordé un secours de 2,000 fr. pour en hâter les travaux.

Ils ont été poursuivis avec beaucoup d'activité; mais comme les dépenses ont dépassé les prévisions, et que les nouveaux efforts faits par les communes méritent d'être encouragés, j'ai l'honneur de vous proposer d'allouer en 1829, pour cette utile communication, un crédit de 1,000 fr.

---

(1) Voir, pag. 87 du présent Compte administratif, le rapport détaillé sur le besoin des routes.

PONTS

DE LANGON, SAINTE-FOY, GUITRES, LAUBARDEMONT ET LABARTHE.

On s'occupe avec beaucoup d'activité de la construction des ponts en fer de Sainte-Foi, Guîtres, Laubardemont et Labarthe. Ce dernier sera terminé et livré au public dans le courant de cette campagne; les autres ne pourront l'être que dans les premiers mois de 1829.

L'adjudication du pont de Langon, qui sera aussi construit en fer, a été passée depuis plusieurs mois, moyennant une concession de quatre-vingt-dix-neuf ans; mais elle n'a pas reçu encore l'approbation de l'autorité supérieure; je dois présumer cependant qu'elle l'obtiendra très-incessamment. Cette adjudication a été quelque peu retardée par l'insistance que l'administration a mise à ne point élever le tarif des droits à percevoir, et que quelques concurrents s'efforçoient de faire considérer comme trop foible.

Dès l'année 1830, il existera, dans le département, des ponts sur toutes les rivières qui coupent les grandes communications, si ce n'est à Cubzac, où le service est fait avec sûreté et promptitude au moyen de deux grands bateaux à manége. Quoique ce moyen doive paroître suffisant, le gouvernement a néanmoins prescrit de rédiger le projet d'un pont à construire sur ce point. Lorsque ce projet lui sera soumis, on devra examiner si le commerce de la ville de Libourne, dont l'importance s'accroît rapidement par suite du rétablissement de la navigation de la Dordogne, de la Vezère, de la Corrèze et de l'Isle, n'auroit pas à souffrir de cette construction, qui mettroit obstacle au passage des navires armés dans cette ville, ou qui lui seront consignés.

PORT DE BORDEAUX.

Le nouveau projet des travaux à faire pour construire des quais et des débarcadères devant la Bourse, la place Royale et l'hôtel des Douanes, a été approuvé et les travaux commencés.

J'ai dû demander à M. le directeur général des ponts et chaussées les moyens de leur imprimer de l'activité. Sur ma proposition, il m'a autorisé à contracter un emprunt, remboursable avec le produit d'un droit qui remplacera le droit et le demi-droit de tonnage, et qui pourra être perçu en vertu de la loi du 24 Mars 1825.

La chambre de commerce a été invitée à donner son avis sur la quotité de ce droit, qui sera créé non pour les seuls travaux dont j'ai parlé plus haut, mais aussi pour tous ceux dont l'état fâcheux du port réclame la prompte confection.

Je donne tous mes soins à cette importante affaire, et je crois pouvoir vous garantir maintenant la prochaine amélioration du port, puisque le principal obstacle que l'administration ait rencontré, le défaut de fonds, va se trouver surmonté.

PORT DE BLAYE.

L'encombrement du port de Blaye, les difficultés que l'on rencontre pour y arriver, ont dès long-temps fixé mon attention. Depuis plusieurs années, j'ai demandé à MM. les ingénieurs le projet d'un débarcadère qu'il est indispensable d'y construire. Je n'ai pu encore l'obtenir; mais le zèle de M. Partiot, nouvel ingénieur en chef du département, me donne l'espoir que je le recevrai très-incessamment, et que dans le courant de la campagne prochaine, on verra cet embarcadère s'élever.

PORTS MARITIMES.

Ce service n'a aujourd'hui aucuns besoins extraordinaires; les phares de Cordouan et de la Pointe de Grave, à l'embouchure de la Gironde, sont en bon état : il ne faut que pourvoir à leur entretien, et des fonds suffisants y sont affectés.

NAVIGATION.

Aucun nouveau projet pour le perfectionnement de la navigation de la Garonne ne m'est parvenu depuis votre dernière session; et comme celui de la rectification qui doit avoir lieu devant Barie ne pourra être exécuté qu'au moyen de la perception du droit de navigation qui doit être créé en vertu de la loi du 24 Mars 1825, il n'a encore été rien fait; ce droit lui-même n'a pas encore été déterminé.

Cependant, Messieurs, l'irrégularité du cours de la Garonne continue à causer dans le département des dommages considérables aux propriétés riveraines; et sur plusieurs points, le lit de cette rivière est si encombré, si resserré, que fréquemment les bateaux de la plus petite calaison ne peuvent continuer leur marche; ils sont obligés de la suspendre pendant une partie du jour, s'ils arrivent sur ces points au moment où le descendant ne laisse pas assez d'eau pour les franchir.

Dans l'intérêt du commerce et des communications, cet état de choses doit attirer toute votre attention; il m'aura suffi de vous le signaler, j'en suis persuadé, pour qu'il devienne l'objet de vos délibérations.

DUNES.

La réduction apportée depuis trois ans dans les crédits ouverts pour les semis des dunes, a dû nécessairement ralentir beaucoup la marche de ce travail. Ces crédits, qui autrefois s'élevoient annuellement à 90,000 fr., ne sont plus aujourd'hui que de 50,000 fr.

Cependant des ouvrages importants, dispendieux, et qui ont pour objet de défendre des portions de territoire très-étendues et constamment menacées, restent à faire; il est à craindre que la lenteur apportée dans leur confection ne laisse opérer une partie du mal qu'ils sont destinés à prévenir. Permettez-moi de vous proposer de demander encore que l'on alloue à ce service le crédit de 90,000 fr. qu'il recevoit précédemment chaque année.

ÉTABLISSEMENTS PUBLICS.

Dans votre dernière session, vous aviez émis le vœu qu'une contribution extraordinaire de 3 cent. par franc fût établie pendant dix années pour fournir à la dépense que devoient entraîner diverses constructions qui vous avoient paru réclamées par l'intérêt général. Mgr. le Ministre de l'intérieur n'a pas cru devoir donner suite à cette demande. J'ai l'honneur de mettre sous vos yeux la lettre que Son Excellence m'a adressée à ce sujet.

« Monsieur le Préfet, j'ai fait examiner par le comité de l'intérieur du
» conseil d'état un projet de loi préparé par suite du vœu émis par le
» conseil général de votre département, dans sa dernière session, ten-
» dant à autoriser une imposition extraordinaire, pendant dix ans, de
» 3 cent. additionnels aux quatre contributions directes, pour, le pro-
» duit de cette imposition, être employé, savoir :

» 1°. A l'agrandissement du palais de justice actuel;

» 2°. A la réédification des bâtiments de la cour d'assises;

» 3°. A la construction d'une caserne de gendarmerie;

» 4°. A l'établissement d'une nouvelle porte à la prison du fort du Hâ;

» 5°. A la construction d'un portail formant façade à la cathédrale;

» 6°. Enfin, à la construction d'un nouvel hôtel de préfecture.

» Le comité, considérant « que s'il résulte de la délibération du con-
» seil général, que la dépense de ces constructions et agrandissements ne
» doit pas dépasser 1,002,944 fr. , cette assertion n'étant appuyée d'au-
» cun plan, coupe ni devis, il est impossible de savoir si cette somme
» sera suffisante, ou si, après l'avoir dépensée, il ne faudra pas s'adresser
» de nouveau aux Chambres pour obtenir une nouvelle imposition, et
» par conséquent prolonger, sans qu'on en voie le terme, la charge mise
» sur le département;

» Qu'il paroît en outre, d'après l'examen des seules pièces produites,
» que si l'agrandissement du palais de justice et la construction d'une
» caserne de gendarmerie sont des travaux nécessaires et urgents, il n'en
» est pas de même des autres travaux proposés;

» Que si le palais de justice criminelle, disposé pour cette desti-
» nation il y a environ vingt ans, n'est pas exempt d'inconvénients, et si
» cette construction empêche l'alignement d'une rue importante, ces
» inconvénients ne sont pas assez graves pour motiver dans ce moment
» une imposition exatraordinaire de 267,000 fr. ;

» Que l'établissement d'une porte nouvelle à la prison du fort du Hâ
» n'exige pas une somme assez forte pour qu'il soit nécessaire de frapper
» ce département d'une imposition extraordinaire;

» Que s'il est désirable que la cathédrale soit dégagée des maisons
» particulières qui l'entourent, et qu'elle soit ornée d'un portail, ce tra-
» vail, suspendu depuis plusieurs siècles, n'est pas assez urgent pour
» motiver une semblable imposition;

» Que l'hôtel de la préfecture, acquis à grands frais en 1811, étant
» dans une situation centrale, suffisamment vaste et bien décoré, on ne
» voit pas de motif pour s'exposer aux dépenses incalculables d'une
» construction nouvelle; que d'ailleurs le terrain où il paroît que l'on

» voudroit construire un nouvel hôtel de préfecture, n'appartient pas au
» département, et qu'il sert depuis long-temps de promenade publique,
» dont il faudroit priver les habitants de Bordeaux; qu'enfin, si l'hôtel
» actuel de la préfecture n'est pas suffisant, on pourroit, avec moins de
» frais, acquérir une maison contiguë;

» Considérant, d'autre part, que la dépense de 296,000 fr. qu'exige-
» roit l'agrandissement du palais de la cour royale, doit être supportée par
» l'état sur les fonds généraux, et que si le département y contribue, ce
» ne peut être que par voie de secours, et que la dépense ainsi réduite
» pourroit ne plus être au-dessus des moyens ordinaires du départe-
» ment »;

» A émis l'avis qu'avant de prendre aucune décision, il soit fourni des
» plans, coupes et devis des travaux à exécuter au palais de justice et à
» la caserne de gendarmerie, et qu'il n'y a pas lieu, quant à présent, à
» proposer une loi pour établir une imposition extraordinaire ayant pour
» objet de pourvoir à la dépense de la construction de l'hôtel de préfec-
» ture, de la reconstruction du palais de justice criminelle, de la cons-
» truction d'un portail à la cathédrale, et d'une porte à la prison du fort
» du Hâ.

» Les motifs présentés à l'appui de cet avis me paroissant fondés, je
» ne puis que partager l'opinion du comité. Je vous invite, en consé-
» quence, à faire rédiger les plans et devis des travaux destinés à l'agran-
» dissement du palais de justice, ainsi qu'à la construction de la caserne
» de gendarmerie, et à les soumettre au conseil général du département
» lors de sa première réunion, afin qu'il avise aux moyens de pourvoir,
» sur les ressources ordinaires du département, à la partie desdits travaux
» qui devra rester à sa charge, le gouvernement ne pouvant imputer
» sur le fonds des centimes centralisés, que les dépenses concernant spé-
» cialement les bâtiments affectés à la cour royale, abstraction faite de
» ceux occupés par les tribunaux ».

Recevez, Monsieur le Préfet, l'assurance de ma considération la plus
distinguée.

Le Ministre Secrétaire d'état de l'intérieur,

DE MARTIGNAC.

STATUE DE LOUIS XVI.

Le piédestal destiné à recevoir la statue de Louis XVI est entièrement achevé; les marbres ont été fournis par le département, sur ceux dont l'abandon lui a été fait par le domaine en vertu d'une décision spéciale. Il reste à s'occuper des bas-reliefs, de l'inscription et de la grille d'entourage.

Quant à la statue, dont la proportion, vous vous le rappelez, Messieurs, est de dix-huit pieds, le sieur Raggi, sculpteur, a terminé ses travaux. Le sieur Clozatier, fondeur du Roi, avec lequel il a été traité pour une somme de 100,000 fr., moyennant qu'il fournisse le bronze et livre la statue parfaite, a, de son côté, terminé le moule, et doit très-incessamment opérer la fonte.

RELEVÉ DE LA DÉPENSE FAITE JUSQU'A CE JOUR.

1°. Au statuaire	48,000f "c
2°. Au fondeur	60,000 "
3°. Piédestal	27,614 84
4°. Dépenses diverses	1,911 80
Total	137,526f 64c

Pour faire face à cette dépense, je compte :

1°. Les souscriptions	57,659f 69c
2°. Les votes du conseil général jusqu'à ce jour	50,000 "
3°. Les votes du conseil municipal de Bordeaux (exercice 1829 non compris)	40,000 "
Total	147,659f 69c
La dépense étant de	137,526 64
Il reste à ma disposition	10,133f 5c

Je les destine au fondeur. Cette somme étant jointe aux 60,000 fr. qu'il a reçus, je serai encore à découvert de celle de 30,000 fr., et je n'ai d'assuré jusqu'ici que les 10,000 fr. de la ville de Bordeaux sur l'exercice 1829, qui complètent les 50,000 fr. qu'elle aura votés, ainsi que le département. Il restera 20,000 fr., sur lesquels je vous propose, Messieurs, de voter 10,000 fr. sur l'exercice de 1829, et les 10,000 fr. autres le seront, je n'en doute pas, par la ville que le monument est destiné à embellir.

Plus tard nous aviserons aux moyens de payer les frais de transport et de la pose de la statue sur son piédestal, ainsi que du complément des travaux qui doivent orner et garantir ce dernier.

SOUS-PRÉFECTURE DE LA RÉOLE.

L'ouragan qui a enlevé la presque totalité des récoltes d'un grand nombre de communes de l'arrondissement de la Réole, a causé de grands dommages à la toiture de la sous-préfecture de cet arrondissement.

Il est urgent pour la conservation du bâtiment, propriété du département, de réparer cette toiture. J'ai fait dresser le devis des travaux à exécuter. La dépense est évaluée, y compris quelques réparations, à la somme de 1,636 fr. 70 cent., que j'ai l'honneur de vous proposer de porter au budget de 1829.

TRIBUNAUX.

TRIBUNAL DE LESPARRE.

J'ai l'honneur de mettre sous vos yeux la réclamation adressée à S. Ex. le Ministre de la justice par les membres du tribunal de Lesparre, afin d'obtenir un local convenable pour la tenue de ses audiences.

Il siége maintenant dans un bâtiment appartenant à la ville, qui est dans le plus mauvais état, et qui n'offre aucune des distributions nécessaires.

Je reconnois l'urgence d'accueillir la demande du tribunal, et je crois qu'en dépensant 15 à 18,000 fr., on pourroit faire construire un bâtiment pour son service; mais d'un autre côté, considérant l'exiguïté des ressources et le montant des dépenses indispensables auxquelles vous devez pourvoir, je ne puis me déterminer à vous proposer d'allouer des fonds pour cet objet, que vous pourriez comprendre cependant au nombre de ceux auxquels seroit affecté le produit d'une contribution extraordinaire, si vous croyez devoir la voter.

COUR D'ASSISES.

M. le Procureur général réclame depuis long-temps qu'un parquet convenable soit établi dans le bâtiment de la cour d'assises, soit pour lui, soit pour M. le Procureur du Roi.

Le devis de ces travaux, dont vous reconnoîtrez sans doute l'urgence, en porte la dépense à la somme de 2,638 fr. 80 cent. J'ai l'honneur de le mettre sous vos yeux.

TRIBUNAL CIVIL DE LIBOURNE.

Vous avez reconnu, l'année dernière, la nécessité d'exécuter dans le tribunal de Libourne divers travaux évalués à 1,200 fr.; mais vous n'avez ouvert aucun crédit pour cet objet au budget de 1828 : on va profiter des vacances pour confectionner ces ouvrages, et je dois vous proposer d'en faire figurer la dépense au budget de 1829.

PRISONS.

PRISONS DE LIBOURNE.

Vous avez ajourné la confection des travaux à faire dans la prison de Libourne, pour en compléter l'appropriation à l'époque où l'on pourroit acheter la maison contiguë à ce bâtiment. Ce moment est arrivé : les héritiers de l'ancien possesseur se montrent disposés à traiter avec l'administration. Déjà 5,ooo fr. que S. A. R. Mgr. le Dauphin a daigné accorder, sont affectés à la dépense qu'entraînera l'achat du local et les travaux à faire : le département devra fournir 6,5oo fr.

PRISONS DU FORT DU HA.

Quoique l'on ait déjà beaucoup dépensé dans le fort du Hâ, néanmoins on n'a pu y établir toutes les dispositions que commandent impérieusement les convenances et la morale.

Ainsi, les prévenus, quels que soient leur âge et la nature des délits dont ils sont accusés, sont encore confondus; ceux d'entr'eux et les condamnés à la détention qui veulent obtenir un lit, ne peuvent être placés que dans le local occupé par les détenus pour dettes.

Cet état de choses, qui a déjà fixé votre attention, excite de vives plaintes; mais le défaut de fonds ne vous a pas permis d'y remédier.

Dans la supposition où vous croiriez devoir recourir à des ressources extraordinaires, je vais vous faire connoître les dispositions qu'il conviendroit d'adopter, et au moyen desquelles vous n'auriez plus à vous occuper que de l'entretien de cette prison.

La chapelle actuelle, beaucoup trop petite pour la population qu'elle doit recevoir, et la sacristie y attenante, pourroient être divisées, au moyen de parpaings, en quatre chambres, dont deux seroient réservées exclusivement aux détenus pour dettes, les deux autres seroient affectées aux prévenus couchant au lit; ceux couchant à la paille seroient placés dans un bâtiment attenant à ceux-là.

Ces divers prisonniers auroient l'usage d'un grand préau, où ils seroient admis à tour de rôle sans communiquer.

Les militaires et les condamnés à la détention ont aujourd'hui une cour commune; on pourroit la diviser, après lui avoir donné plus d'es-

9

pace, en déplaçant le mur qui sépare le grand préau, dont on prendroit une petite portion.

La chapelle seroit facilement remplacée au moyen d'un bâtiment qui seroit élevé sur l'emplacement situé à côté de l'infirmerie, et dont trois côtés sont déjà bâtis; on n'auroit à construire qu'une façade du côté du préau et une charpente. Cette nouvelle chapelle seroit d'autant mieux placée, que presque sans se déplacer les malades et les convalescents pourroient assister aux offices divins.

Une évaluation approximative a fait porter les dépenses de tous ces travaux à environ 18,000 fr. Si vous décidiez qu'ils seroient exécutés, j'en ferois dresser inmédiatement le devis estimatif.

PRISONS DE BLAYE.

Vous avez manifesté plusieurs fois l'intention de faire construire une prison à Blaye; mais vous avez toujours été arrêtés par la dépense que ce travail occasionneroit.

Il n'est pas possible aujourd'hui de l'ajourner. L'autorité militaire, qui a reconnu qu'il pouvoit y avoir de grands inconvénients à recevoir les détenus civils dans la citadelle, a décidé qu'ils ne pourroient y rester que jusqu'après votre session; ce n'est même qu'avec beaucoup de difficultés que j'ai fait suspendre l'exécution d'un ordre du Ministre de la guerre, qui prescrivoit d'évacuer cette citadelle le 1er. Juillet prochain.

Précédemment, on avoit eu la pensée de placer les nouvelles prisons dans un local appartenant à la ville, et où se trouvent les bureaux de la sous-préfecture; mais, d'une part, il ne seroit pas convenable que le département fît une dépense de 17,000 fr., ainsi que le portoit le projet, dans un bâtiment dont il n'est pas propriétaire; de l'autre, il y a maintenant nécessité d'y placer le tribunal de commerce, qui a dû abandonner l'ancienne chapelle de Saint-Sauveur où il siégeoit.

On peut acheter un bâtiment attenant au tribunal civil, que l'on convertira facilement en prison, offrant toutes les divisions et tout l'espace utiles.

Le prix d'achat et celui des travaux s'élèveront, d'après le devis et le procès-verbal, savoir :

Achat... 6,058ᶠ ⸴ᶜ
Travaux.. 27,595 11

Total...................... 33,653ᶠ 11ᶜ

PRISONS DE LA RÉOLE.

Cette prison, acquise par le département il y a deux ans, n'offre aucune des divisions exigées par la loi; tous les genres de délits y sont confondus. Le condamné y couche à côté du prévenu. Elle a pour dépendance un vaste emplacement propre à former un préau, mais qui, n'étant pas clos, ne peut servir à cette destination.

Une somme de 10,000 fr. seroit nécessaire pour couvrir la dépense des travaux qu'il faudroit exécuter dans ce bâtiment.

PRISONS DE LESPARRE.

L'ancien château des seigneurs de Lesparre, tenu à loyer par le département, a été converti en prison dans ce chef-lieu.

Comme à la Réole, les deux sexes seuls y sont séparés; il conviendroit d'y établir de nouvelles divisions. Afin que les dépenses que cette disposition occasionneroit ne fussent pas perdues pour le département si la location venoit à cesser, il y auroit lieu à acheter le bâtiment que le propriétaire est disposé à vendre. Le prix de cette acquisition et des travaux d'appropriation, seroit couvert au moyen d'une somme de 10,000 fr.

GENDARMERIE.

CASERNEMENT.

Je suis parvenu successivement à donner à la gendarmerie, sur à-peu-près tous les points du département, des casernes convenablement disposées.

La brigade de la Teste a, sur ma demande, été transférée à Biganos, où elle sera casernée sur le bord de la route départementale, dans un bâtiment que l'on construit en ce moment : elle sera là au centre de la circonscription qui lui est assignée, et elle pourra se transporter avec promptitude partout où sa présence sera nécessaire.

Vous connoissez l'état de la caserne de Bordeaux; vous avez déjà, depuis plusieurs années, adopté le projet de sa reconstruction, dont l'exécution pourra avoir lieu très-prochainement, si vous adoptez les propositions que je vous soumettrai, d'imposer quelques centimes extraordinaires pour faire face aux dépenses qu'exigent impérieusement plusieurs services.

CASERNE DE LA RÉOLE.

Les fonds dont je pouvois disposer ne m'ont pas permis de faire exécuter dans la caserne de la Réole, bâtiment appartenant au département, les réparations que réclame son état.

J'ai l'honneur de mettre sous vos yeux le devis des travaux, évalués à 1,240 fr. 94 cent., que je vous propose d'allouer au budget de 1829.

Il est urgent d'exécuter ces travaux, qui consistent plus particulièrement dans la restauration des cloisons construites en terre et bois, dont la chute ne pourroit être que très-prochaine.

COMMERCE ET AGRICULTURE.

La situation du commerce se présenteroit sous un jour favorable, si celle de ses parties qui a pour objet le plus important des produits de l'agriculture de ce département, n'éprouvoit pas une fâcheuse stagnation. Tandis que nos relations avec l'Inde et les anciennes colonies espagnoles de l'Amérique du Sud, répondent aux espérances de nos négociants, les propriétaires de vignobles voient les récoltes se succéder, sans que ces débouchés, sur lesquels ils devoient compter, viennent leur fournir les

moyens de couvrir les dépenses qu'entraîne la culture. Dans leur mal-
aise trop réel, ils ont fait entendre de justes plaintes, indiqué les
causes auxquelles ils l'attribuent, réclamé les moyens de le faire cesser. Ces plaintes ont excité la sollicitude du gouvernement, qui s'est
montré empressé à les accueillir et à y faire droit; mais la prudence
conseille une extrême réserve, à la vue de tous les inconvénients attachés à un changement de système qui peut ébranler les bases princi-
pales de nos plus riches produits industriels. Le mal est connu: à moins
d'une impossibilité, qui n'est pas probable, il sera réparé; l'amour du
Roi pour ses peuples, sa justice, en offrent la garantie.

PÉPINIÈRE DÉPARTEMENTALE.

Cet utile établissement exigeant une surveillance presque permanente,
j'ai délégué M. le Secrétaire général pour diriger toutes les opérations
qui s'y rattachent. Déjà le mode de comptabilité qu'il a introduit a ra-
mené la régularité dans cette partie. Les dépenses et les recettes sont
l'objet d'un contrôle qui ne peut même laisser échapper aucune erreur.

Tout en cherchant à accroître, par tous les moyens, les avantages que
peut offrir cet établissement, on se renferme néanmoins dans une sévère
économie : nous touchons, je l'espère, à l'époque où il pourra se suffire
à lui-même. Cette année, ses dépenses ont été à-peu-près couvertes par
ses recettes.

Les premières se sont élevées à.................................... 4,623ᶠ 62ᶜ

Les secondes, à.. 4,510 60

DIFFÉRENCE à couvrir.................. 113ᶠ 2ᶜ

PRODUITS DES RÉCOLTES.

La récolte en céréales auroit été abondante cette année dans le département de la Gironde, si, au moment où on alloit la faire, la grêle

n'eût étendu ses ravages sur un grand nombre de communes des arrondissements de Bazas, la Réole et Libourne. Le prix des blés, dont la
qualité est généralement bonne, n'a cependant pas haussé d'une manière
remarquable ; il ne s'est pas élevé, terme moyen, au-delà de 20 fr. l'hec-
tolitre.

Quoiqu'on ne puisse pas connoître maintenant d'une manière positive
les résultats de la récolte en vins, néanmoins on peut affirmer qu'elle
sera inférieure à celle d'une année ordinaire, et que les vins seront de
médiocre qualité, à moins que la température du mois de Septembre ne
vienne les améliorer.

HARAS DE LIBOURNE.

Un projet de reconstruction des écuries du dépôt royal d'étalons à
Libourne a enfin été adopté par le Ministre de l'intérieur, qui m'a autorisé à faire l'achat d'un vaste terrain attenant à cet établissement, pour y
placer ce nouveau bâtiment, qui pourra recevoir quarante étalons.

L'adjudication de ce travail vient d'être passée moyennant la somme
de 41,261 fr. 44 cent. ; il va être mis en activité, et sera terminé dans
peu de temps. Les étalons pourront être conduits vers la fin de l'hiver
dans ce bâtiment : il y a urgence à leur faire quitter celui qu'ils occu-
pent, car il menace ruine.

Le terrain acquis a coûté 6,500 fr.

S. Ex. le Ministre de l'intérieur paroît être dans l'intention de faire
les fonds nécessaires pour couvrir ces dépenses.

MÉRINOS.

Les béliers mérinos envoyés l'année dernière chez quelques propriétaires de troupeaux, ont donné d'assez nombreux produits ; ceux qui

avoient été élevés dans des terrains gras et fertiles et qui ont été placés dans les landes, ont souffert de ce changement de localités : il en est mort plusieurs.

Dans la distribution que j'ai faite cette année, j'ai eu besoin d'assigner les lieux convenables pour prévenir une semblable perte.

Les propriétaires de troupeaux se montrent en général très-désireux d'obtenir de ces béliers; ils ont facilement senti les avantages qu'ils retireroient du croisement qui seroit fait avec les brebis indigènes, et je ne doute pas que si elle continue, cette distribution n'amène, en peu de temps, des améliorations très-remarquables.

J'ai l'honneur de vous proposer de voter, comme précédemment, une somme de 1,200 fr. pour cet objet.

MARBRES DÉPOSÉS A LA BASTIDE.

Vous avez, Messieurs, accepté l'abandon qu'a fait au département le gouvernement, des marbres déposés à la Bastide, sur les propriétés de MM. Dupérier et Bonus.

Le prix de location de ces terrains étoit payé précédemment par le domaine; mais il s'est refusé à l'effectuer, depuis qu'il n'a plus la propriété de ces marbres.

Le prix de location des terrains appartenant à M. Bonus, avoit été fixé à 400 fr. par année.

Celui des terrains appartenant à M. Dupérier, ne l'est pas.

J'ai fait payer, pour 1827, à M. Bonus, sur les fonds destinés aux dépenses imprévues, et d'après l'autorisation de S. Ex. le Ministre de l'intérieur, les 400 fr. qui lui revenoient pour cet exercice.

J'ai l'honneur de vous inviter à vouloir bien voter au budget de 1829 les fonds nécessaires pour cette dépense, qui sera cependant susceptible de diminution, à cause de l'emploi de quelques-uns de ces marbres qui seront cédés à la ville de Bordeaux pour l'édification de ses fontaines, et surtout du transport qui en sera fait dans un local où leur emplacement ne sera pas un objet de dépenser 600 fr.

POIDS ET MESURES.

Le Ministre de l'intérieur a approuvé définitivement le tableau des professions à assujettir à la vérification des poids et mesures, qui fut l'année dernière l'objet de vos délibérations.

Ce travail est devenu la base des opérations de 1828; il a servi à faire découvrir une foule d'individus qui jusqu'ici s'étoient soustraits à la vérification, et avoient fait usage de poids illégaux.

Maintenant, ce service a atteint toute la régularité désirable; il ne faut que le maintenir dans l'état où il est parvenu, et à cet égard, je compte sur le zèle des employés qui y sont attachés : leur vigilance et leur exactitude ne méritent que des éloges.

VACCINE.

Pendant plusieurs années, la vaccine, pratiquée sur tous les points du département, avoit obtenu les plus heureux résultats; la variole avoit disparu, et l'on n'entendoit plus parler de ces événements qui autrefois répandoient le deuil dans les familles.

Cependant les détracteurs de la méthode Jennérienne ne se lassèrent pas. En répétant sans cesse que si quelquefois elle préservoit de la variole, elle étoit la cause de plusieurs autres maladies, ils parvinrent à inspirer des doutes sur ses bienfaits, et à réduire le nombre de ses partisans; peu à peu les pères de famille manifestèrent de la répugnance, les opérations furent négligées, et bientôt les accidents se renouvelèrent.

En 1821, la variole reparut avec toute son énergie dans presque tout le département, notamment à Bordeaux, où son passage fut marqué par un grand nombre de victimes. On remarqua en même temps une maladie pustuleuse appelée *varicelle* ou *variolide*, dont les symptômes sont à-peu-près semblables à ceux de la petite vérole, mais qui ne laisse aucune trace et ne fait craindre aucun accident fâcheux.

Elle atteignit quelques sujets qui avoient été vaccinés, et dès-lors les détracteurs de la vaccine s'empressèrent de la confondre avec la variole, et d'en tirer la conséquence perfide que la vaccine n'étoit pas préservatrice.

Cette opinion, malgré la persévérance des médecins à la combattre, s'accrédita; bientôt les enfants ne furent soumis qu'en très-petit nombre aux opérations. A compter de cette époque, la petite vérole reparut avec plus d'intensité, et renouvela les accidents dont on avoit sans doute trop tôt perdu le souvenir.

L'administration s'attacha, par tous les moyens dont elle pouvoit user, à détruire ce préjugé que l'on cherchoit à propager; elle fit publier avec beaucoup de soin les rapports des médecins, ceux de la société de médecine, qui tous étoient très-propres à répandre la lumière dans les esprits les plus endurcis; mais elle n'obtint que peu de succès: de toutes parts, les rapports des praticiens sur les vaccinations étoient à-peu-près négatifs.

A mon arrivée dans le département, je cherchai à remédier à cet état fâcheux. J'instituai dans chaque arrondissement des médecins vaccinateurs, chargés de parcourir les communes du département à diverses époques pour y vacciner gratuitement. Leur persévérance n'a pas été sans résultats; ils sont parvenus à surmonter beaucoup de difficultés et à pratiquer quelques opérations; mais leurs rapports et les renseignements que j'ai recueillis attestent l'apathie des pères de famille et leur penchant à repousser les bienfaits de la méthode : les opérations des autres praticiens sont aujourd'hui presque nulles.

Ceux-ci se sont peut-être lassés de combattre : je suis disposé à croire que plusieurs d'entr'eux ont aussi été gagnés par l'indifférence, et qu'ils ne renouvelleroient pas leurs efforts, si des encouragements ne leur étoient offerts.

Une distribution de médailles que l'on feroit chaque année avec solennité aux chefs-lieux des arrondissements de sous-préfectures, seroit propre à réveiller leur zèle en flattant leur amour-propre; elles seroient décernées, non pas exclusivement à ceux qui auroient pratiqué le plus grand nombre de vaccinations, mais aussi à ceux qui, à raison des localités et de l'esprit qui s'y fait remarquer, auroient eu les plus grands obstacles à vaincre.

L'intérêt de l'humanité impose à l'administration le devoir impérieux de travailler à faire cesser l'état des choses que je vous signale; et si vous partagez ma confiance dans le moyen que j'ai l'honneur de vous proposer, je vous demanderai d'allouer un crédit extraordinaire de 600 fr., indépendamment de celui affecté au traitement des vaccinateurs en titre, qui seroit employé à la distribution de six médailles d'or et dix-huit médailles d'argent : chaque arrondissement en auroit une d'or et trois d'argent.

Les feuilles publiques vous ont appris, Messieurs, que Marseille gémit depuis plusieurs mois sous les coups de la petite vérole; ses ravages y ont été si cruels, que ce n'est qu'en tremblant qu'on entre dans cette ville, et que sur quelques points du royaume et de quelques états voisins, on s'abstient de communiquer avec les personnes ou les choses qui en proviennent. Cet exemple suffira, j'en ai la certitude, pour éveiller toute votre sollicitude, et vous faire prendre la résolution de ne négliger aucun des moyens qui peuvent nous préserver d'un semblable fléau.

INSTRUCTION PRIMAIRE.

Par une circulaire du 19 Août dernier, S. Ex. le Ministre de l'instruction publique a fortement engagé MM. les Recteurs à faire établir au chef-lieu des départements une école normale, destinée à former des professeurs pour l'instruction primaire.

Vous verrez par cette circulaire que j'ai l'honneur de vous remettre, que le Ministre appelle les conseils généraux à concourir, par des secours, à la création et à l'entretien de ces écoles, dans lesquelles plusieurs élèves seront admis à titre gratuit.

RÉVISION

DES LISTES ÉLECTORALES ET DU JURY.

J'ai l'honneur de mettre sous les yeux du conseil général une note qui m'a été remise par les sieurs Lanefranque frères, imprimeurs de la préfecture, relative aux frais qu'occasionnera l'impression des listes voulues par la loi du 2 Juillet dernier.

Il est à présumer que ces impressions seront plus considérables d'un tiers que celles de l'année dernière : la dépense est évaluée par ces imprimeurs à 13,000 fr.

Les nouveaux prix seront établis d'après ceux qu'a fixés le chef de la typographie à l'imprimerie royale pour les listes de l'année dernière. Je pense, en conséquence, qu'il est juste de continuer à charger de ce travail les sieurs Lanefranque frères, qui jusqu'ici s'en sont acquittés avec un zèle et une activité dignes d'éloges :

« Il est assez difficile de donner l'aperçu de la dépense que nécessi-
» tera, pour l'année 1829, la confection de la liste électorale et du jury,
» attendu les modifications apportées dans les cadres de cette liste par la
» loi du 2 Juillet dernier, et la complication qui résulte de l'obligation
» de détailler les contributions partielles payées par les électeurs dans
» les divers cantons ; cependant il est probable que les listes seront
» plus considérables d'un tiers que celles de l'année dernière : elles for-
» meront donc environ cent trente feuilles.

» D'après ce calcul, on concluroit que la demande de fonds sera
» plus forte ; mais beaucoup d'impressions nécessitées l'année dernière

» ne se renouvelleront point celle-ci. La dépense sera la même à-peu-
» près, et nous pensons que 13,000 fr. suffiront pour couvrir tous les
» frais d'impression : il est même possible qu'ils n'atteignent point cette
» somme.

» Quelques membres du conseil général ont exprimé, l'année dernière,
» le vœu qu'une fourniture aussi importante fût mise en adjudication,
» attendu l'économie qui devroit en résulter. Quoique ce vœu ne
» se soit point réalisé, S. Ex. le Ministre de l'intérieur leur a donné
» une garantie peut-être plus forte que celle qu'ils exigeoient, en confiant
» l'examen du compte que nous avons produit, au chef de la typographie
» de l'imprimerie royale. Cette révision a été faite avec beaucoup de
» sévérité, et a eu pour résultat plusieurs rabais, qui cependant ne
» peuvent faire taxer nos prix d'exagération, puisqu'un de nos comptes,
» qui s'élevoit à 11,557 fr. 65 cent., n'a été réduit qu'à 10,876 fr. 25 cent.,
» ce qui fait une différence d'environ 6 p. cent.

» Dorénavant, les nouveaux prix seront établis d'après ces bases, et
» l'administration, rassurée par l'espèce d'expertise du chef de la typo-
» graphie de l'imprimerie royale, demeurera convaincue que l'économie
» la plus rigoureuse présidera à cette dépense ».

RECRUTEMENT.

La plus grande régularité a été apportée dans les opérations prépara-
toires relatives à l'appel de la classe de 1827 dans le département de la
Gironde. Les jeunes gens ont obéi avec empressement aux ordres qui
leur ont été donnés.

La constitution physique des hommes appelés à faire partie du contingent ne laisse rien à désirer; le conseil a apporté le plus grand soin
dans leur choix, et les jeunes gens, pleins de confiance dans sa justice
et son impartialité, se sont soumis sans murmurer à ses jugements.

La taille des appelés de la classe de 1827 est généralement élevée.

Les fonctionnaires qui ont concouru aux opérations de cette levée, ont droit aux plus grands éloges.

Des tentatives de fraude ont eu lieu sur plusieurs points; les coupables sont entre les mains de la justice, et la sévérité avec laquelle il sera procédé à leur égard, préviendra sans doute le retour de ce genre de manœuvres.

CANTON DE GENSAC.

Dans vos sessions de 1826 et 1827, vous avez voté l'érection d'une justice de paix à Gensac. La demande de cette commune a été accueillie dans le temps, et par le conseil d'arrondissement, et par le tribunal de première instance de Libourne.

Le 5 Septembre 1827, S. Ex. le Ministre de l'intérieur me demanda de nouvelles pièces pour compléter l'instruction de l'affaire.

M. le premier Président et M. le Procureur général de la cour royale de Bordeaux, ont donné un avis favorable.

Enfin, j'avois adressé, avec ma lettre du 29 Juillet dernier, toutes les pièces à S. Ex. le Ministre de l'intérieur, lorsque, par son renvoi du 18 Août, Son Excellence me demande un avis motivé, et m'appelle à prononcer sur une pétition présentée par la commune de Pujols.

Je profite, Messieurs, de votre réunion, pour demander votre décision sur cette affaire.

Le plan produit par les parties indique la position des lieux.

Sur neuf communes qui doivent composer le territoire du canton de Gensac, six conseils municipaux ont pris une délibération favorable à leur adjonction; trois sont d'un avis contraire.

La commune de Pujols, étrangère à la demande, s'oppose à l'adoption du projet de rétablissement d'une justice de paix à Gensac.

Mais en quoi nuit à la commune de Pujols l'existence d'une justice de paix à Gensac? La commune de Pujols conserve toujours la justice de paix de Pujols.

La différence entre ce qui est et ce que l'on propose, c'est la diminution du territoire de Pujols, pour en former le nouveau territoire de Gensac; et sur ce point, c'est un acte du gouvernement; car rien ne garantit l'inviolabilité des démarcations territoriales, administratives ou judiciaires.

Sur seize communes qui composent le territoire actuel du canton de Pujols, six, par l'organe de leurs conseils municipaux, Gensac, Pessac, Juillac, Courbeyrac, Flaujagues et Sainte-Radegonde, votent, sauf Sainte-Radegonde, pour leur adjonction. Que deviennent maintenant les signatures à la suite de la pétition des maires ou des habitants dont les communes restent toujours attachées au canton de Pujols ?

La demande, ou plutôt l'incident soulevé par M. le maire de Pujols, me paroît sans fondement.

RÉCLAMATION DES HÉRITIERS BARTHEZ.

J'ai l'honneur de mettre sous vos yeux une réclamation des héritiers Barthez, tendant à obtenir le paiement de la somme qui leur est due pour quelques travaux exécutés à l'occasion de l'installation du tribunal civil dans l'Hôtel de Ville.

Je n'ai pu retrouver aucune trace de cette affaire; mais les pièces produites par les réclamants ne semblent laisser aucun doute relativement à la confection des travaux, et les recherches qui ont été faites dans mes bureaux, aux archives départementales et chez M. le Payeur, permettent, je crois, d'affirmer que le prix n'en a pas été payé.

ESPRIT PUBLIC.

Les sentiments de l'immense majorité des habitants du département de la Gironde sont toujours bons, et tendent au maintien de l'ordre et de la tranquillité.

Le séjour de S. A. R. Madame, duchesse de Berri, a produit le meilleur effet, et a donné une nouvelle ardeur à ces sentiments.

Les lois continuent à être observées avec exactitude dans le département; les impôts y sont acquittés avec régularité, et la tranquillité la plus parfaite règne dans toute son étendue.

PROPOSITION

D'IMPOSITION EXTRAORDINAIRE

POUR DIVERS SERVICES.

Messieurs,

Depuis quelques années, les services auxquels vous avez à pourvoir deviennent plus exigeants, et cependant vos ressources restent stationnaires. L'économie à la fois rigoureuse et éclairée qui a présidé à l'emploi des fonds dont vous pouvez disposer, est forcée de reconnoître son impuissance pour faire face à des dépenses toujours croissantes. Dans l'intérêt des administrés, vous avez reculé, autant qu'il vous étoit possible de le faire, l'emploi des moyens extraordinaires, et vous vous êtes renfermés dans la limite très-étroite des fonds que vous fournit votre situation financière. Cependant des dépenses dont l'urgence est reconnue sont ajournées; quelques branches de services sont en souffrance; d'autres sont entièrement suspendues. L'entretien des enfants trouvés, la construction ou l'achèvement des prisons de Bordeaux, de Blaye, de

Libourne, de la Réole, de Lesparre, la confection des routes départementales, réclament des sacrifices que vous n'hésiterez pas à vous imposer, lorsque vous aurez reconnu la convenance des unes, l'indispensable nécessité des autres, les résultats avantageux que l'on est en droit
d'attendre de tous. Je me permettrai d'entrer dans quelques explica-
tions qui motiveront, je l'espère, la proposition que j'aurai l'honneur
de vous soumettre à ce sujet.

Enfants trouvés. — La commission des hospices de Bordeaux a rivalisé de zèle et de persévérance avec l'administration départementale, pour ramener la dépense
d'entretien des enfants trouvés au niveau des ressources qui leur sont
affectées. Toutes les tentatives ont échoué, et le dernier, peut-être, je
me suis rendu à l'évidence d'un déficit dans cette branche de service.
Nous avions pensé qu'une réduction dans le salaire des nourrices com-
bleroit le déficit sans nuire à leurs intérêts, parce que la réduction ne
devoit porter que sur la partie du traitement que les meneuses s'attri-
buoient pour s'indemniser de leur peine. Cette prévision, en se réalisant,
procure une économie de 38,000 fr. environ, laquelle couvrira la portion de dépense qui s'applique à l'entretien de ceux des enfants qui
restent dans l'hospice; mais elle est insuffisante pour combler le déficit
résultant des avances faites dans les exercices précédents par la commission des hospices, lequel s'élève à la somme de 93,000 fr., somme trop
considérable pour que son acquittement puisse être demandé à la ressource, désormais impossible, d'une économie sur les diverses branches
du service.

Prisons. — La prison du fort du Hâ exige des distributions dont la dépense est
évaluée à 17,000 fr.; la construction de celle de Blaye s'élèvera à
33,000 fr.; 10,000 fr. sont nécessaires pour le solde et l'appropriation
de la prison de la Réole, une somme à-peu-près égale pour celle de
Lesparre, et 6,000 fr. pour la maison d'arrêt de Libourne.

Caserne de gendarmerie. — La caserne de gendarmerie de Bordeaux, dont la reconstruction, ar-
rêtée par vous en 1823, avoit été ajournée en 1824, ne peut être plus
long-temps conservée. Cette reconstruction est évaluée à 65,944 fr.

Routes départementales. — Les routes départementales sont redevables des progrès qu'a faits leur réparation aux sacrifices que se sont imposés les communes; mais ces sacrifices doivent avoir un terme. Bientôt réduit à ses seules ressources, le département en reconnoîtra l'insuffisance, lorsqu'après avoir employé la presque totalité de la somme dont il dispose à un entretien indispensable, il se verra dans l'impossibilité de continuer des travaux accueillis comme un bienfait par la population qui leur doit une plus grande aisance, et réclamés comme un droit par celle jusqu'alors restée étrangère aux avantages qu'ils procurent.

Dans un rapport très-développé que j'ai l'honneur de mettre sous vos yeux, M. l'ingénieur en chef indique la somme nécessaire à l'entière confection de chaque route et celle que réclamera son entretien. La réunion des dépenses qu'entraîneroit l'achèvement des routes s'élèveroit à un total de 1,729,500 fr., et l'entretien exigeroit une allocation annuelle de 126,500 fr.

Une longue expérience de la manière d'opérer de MM. les ingénieurs, et de celle dont doit procéder l'administration, prévient chez moi le découragement que ne manqueroit pas de produire l'insuffisance des ressources que nous aurions à opposer à d'aussi dispendieux projets. Des portions notables de ces routes, dont la réparation vous est présentée comme de coutume, ont été confectionnées depuis quatre années. Cette réparation, en harmonie avec les besoins du service, avec les facultés du département, avec les ressources que présentent les localités; cette réparation, dis-je, ne laisse rien à désirer, et cependant la dépense qu'elle a entraînée ne s'est pas élevée au tiers des évaluations de MM. les ingénieurs. J'ose vous donner la certitude, Messieurs, qu'il en sera de même des routes qui restent à faire. Si les fonds que vous avez pu affecter à cet objet important ont suffi non-seulement à l'entretien de la totalité de vos routes, mais à la confection d'une étendue considérable de leur développement, ne doit-on pas penser que ces mêmes fonds excèderont les besoins, lorsque vous n'aurez à pourvoir qu'à un simple entretien?

Ces routes, dont la confection est évaluée à un chiffre si élevé, n'exigeront pas toutes un mode égal de réparation. Ainsi, la route de la Teste, parcourue par un nombre peu considérable de voitures d'un foible poids, ne réclamera pas un empierrement aussi solide que la route de Blanquefort à Bordeaux, que tend sans cesse à détériorer un roulage actif et fatigant. Quelques chaussées en pierre et en gravier dans les endroits où les matériaux sont rapprochés, d'autres en bruyère, mode qui réussit parfaitement dans les terrains sablonneux, d'autres enfin en terrain naturel, suffiront; et cette amélioration, qui s'obtiendra par une plus forte allocation pour l'entretien, dispensera de s'occuper de celle énorme de 250,000 fr., à laquelle est porté l'aperçu de dépenses pour son achèvement. Un état que je joins à cette partie de mon rapport vous permettra, Messieurs, de juger de l'étendue de chaque route, de son utilité, des considérations qui détermineront une modification dans son mode d'entretien, et des motifs sur lesquels je base la réduction que je crois devoir obtenir sur les évaluations de MM. les ingénieurs. Cette réduction est considérable; mais vous penserez qu'elle n'est pas exagérée, lorsque vous saurez que mes calculs sont basés sur un travail fort détaillé, fait à deux époques différentes, par des hommes fort en état d'apprécier ce genre de dépenses; sur la comparaison des parties de routes confectionnées avec celles qui restent à faire, et sur des évaluations qui m'ont été fournies par MM. les inspecteurs voyers.

En réunissant les dépenses qu'exigent les trois premiers articles, on trouve un total de 253,000 fr., lequel, divisé en trois annuités, rendroit nécessaire une somme de 85,000 fr. environ sur les exercices de 1829, 1830 et 1831.

La dépense d'achèvement des routes peut être évaluée à 700,000 fr. Un vote de 5 cent. sur les quatre contributions directes, pendant cinq années, vous permettroit de disposer d'une somme annuelle de 175,000 fr. et d'un total de 875,000 fr. L'application aux routes départementales de 90,000 fr. pendant les trois premiers exercices, et de 175,000 fr. pendant les deux derniers, assureroit la création de ce moyen si puissant de prospérité publique. La foible différence qui existeroit entre l'évaluation de 645,000 fr. seroit aisément couverte, soit à l'aide des réductions obtenues dans les adjudications, soit sur les fonds destinés à l'entretien des routes.

C'est donc une imposition extraordinaire de 5 cent. par an, pendant cinq années consécutives, que je crois devoir vous proposer de voter. Cette ressource, épuisée dans un grand nombre de départements, n'a pas encore été entamée dans celui de la Gironde, où, grâces à votre prudente économie, elle offre une utile réserve. Le moment d'y recourir semble arrivé : elle pourra même être considérée comme le déplacement d'un vote que vous aviez émis dans votre précédente session, et que le refus d'approbation de M. le Ministre de l'intérieur rend sans objet.

Je ne donnerai pas plus de développement, Messieurs, aux considérations qui se présentent à l'appui de la proposition que j'ai l'honneur de vous faire, et dont la connoissance approfondie que vous avez des intérêts du département, vous permettra d'apprécier la convenance.

RAPPORT

SUR LA SITUATION DU DÉPARTEMENT

DEPUIS 1824.

Avant de terminer mon rapport sur les objets qui doivent fixer votre attention, je crois devoir vous faire parcourir rapidement la série des améliorations dues, depuis quatre années, à votre prévoyance éclairée, où à l'exemple que vous avez si heureusement donné d'un emploi large et bien entendu des fonds dont vous disposez.

Le chef-lieu du département a reçu de notables embellissements, soit par suite des constructions entreprises par des individus, soit par les travaux exécutés par le conseil municipal. Ainsi, deux pavillons destinés aux bains ont donné à Bordeaux les plus beaux établissements de ce genre qui existent dans le monde entier. Un hospice, qui peut être considéré comme le type le plus parfait de ce genre de constructions, n'a coûté que trois années de travail pour être mis en état de recevoir les malades si péniblement entassés dans l'hôpital Saint-André; et ici, Messieurs, vous avez en quelque sorte participé au mérite de cette étonnante construction, puisque plusieurs de vos membres font partie de la

commission qui l'a dirigée, et que l'un de vos plus anciens et plus ho-
norables collègues (1) a eu la principale part à un succès jusqu'alors
sans exemple. Une mort inopinée nous l'a enlevé; mais sa mémoire,
précieusement conservée dans le cœur de ses amis, traversera les géné-
rations avec le monument dû en grande partie à sa généreuse sollicitude
et à sa persévérante activité.

L'érection de la statue du Roi martyr; la place destinée à la recevoir,
décorée au moyen d'un plan régulier de façade et de la construction de
deux magnifiques colonnes; des fontaines, des pavés réparés; le pont
près d'atteindre son complet achèvement; la mendicité éteinte; la situation financière de la ville améliorée; de vastes entreprises industrielles
encouragées: tels sont les principaux titres qui recommandent l'administration de la ville de Bordéaux à la reconnoissance publique.

Les arrondissements ne sont pas restés inactifs au milieu de cette
impulsion donnée par le chef-lieu. Les routes départementales ont reçu
des améliorations qui assurent leur viabilité dans toutes les saisons de
l'année; les travaux d'art qu'elles réclamoient sont terminés; elles n'atten-
dent plus que la substitution de travaux permanents à ceux provisoires,
que sur quelques points la nécessité d'une sévère économie a forcé
d'adopter. Chaque année voit s'opérer ce changement heureux, et la
continuation pendant quelques années des sacrifices que vous vous
êtes imposés, assurera le bienfait d'une communication facile entre
toutes les parties du département.

Les chemins communaux doivent à votre généreuse prévoyance leur
entier achèvement. Encouragées par la part que vous leur donniez dans
les fonds dont vous disposez, les communes se sont livrées, avec une
ardeur rendue plus efficace par le soin qu'a eu l'administration d'en
régler l'emploi, à des travaux qui ont eu pour résultat la réalisation des
vastes projets de l'immortel Tourny.

Les deux fleuves qui traversent le département, les rivières qui l'arro-
sent dans tous les sens, ont été l'objet de réglements administratifs qui en
ont régularisé le régime; de vastes entreprises de canalisation sont proje-
tées; d'autres moins étendues sont réalisées; les principaux marais ont

---

(1) M. Desfourniel.

été desséchés; presque tous sont placés sous le système des syndicats, et ils recevront les améliorations dont ils sont susceptibles. La découverte et l'exploitation d'une vaste tourbière, à peu de distance de Bordeaux, va remplacer dans beaucoup de circonstances le bois, seul combustible qui y fût employé, et dont la rareté se faisoit déjà sentir par l'extrême élévation du prix.

La situation financière des communes et celle des établissements de bienfaisance sont dans l'état le plus satisfaisant. Trois cent une communes, Bordeaux non compris, ont un revenu de 317,343 fr., égal à leurs besoins ordinaires. Les besoins extraordinaires, tels que les dépenses de construction ou acquisitions de maisons communes, presbytères, hospices, etc., se sont élevés, depuis 1825, à 726,155 fr.; les chemins communaux ont nécessité des votes s'élevant à 119,041 fr. en numéraire, et à 1,671,070 fr. racquittables en prestations.

En 1824, les communes ne possédoient que deux cent cinquante-cinq presbytères; en 1828, elles en ont deux cent quatre-vingt-treize...... Soixante-dix lieues de routes départementales et six cent quarante-trois lieues de chemins communaux ont été réparées; dix-huit cents hectares de marais ont été desséchés; trois cent soixante-dix hectares de landes ont été aliénés; quatorze cents hectares de dunes ont été fixés au moyen de semis de pins.

Le recrutement a appelé quatre mille sept cent soixante-douze hommes : ce nombre n'a fourni que cent quatre-vingt-sept déserteurs.

L'administration préfectorale n'a pas resté inactive; l'expédition des affaires qui lui ont été soumises n'a éprouvé que le retard indispensable pour leur instruction. On pourra juger de leur nombre par celui des lettres expédiées des bureaux de la préfecture, lesquelles s'élèvent à soixante-onze mille neuf cent soixante-neuf, depuis le 1er. Janvier 1824 jusqu'à ce jour.

Quatre cent trente réclamations pour des indemnités d'émigrés ont été examinées et soumises à la commission de liquidation. Le conseil de préfecture a rendu quatre mille trois cent soixante dix-huit arrêtés, et le préfet en a pris trois mille sept cent vingt et un.

Le recouvrement des contributions directes est à jour; il a produit, pour quatre années et demie, une somme de 32,920,469 fr. 28 cent., et n'a donné lieu qu'à sept millièmes de frais de contrainte.

Les contributions indirectes, dont le produit s'est élevé pendant la même période à 19,683,385 fr. 29 cent., n'ont donné lieu à aucune réclamation relativement au mode de leur perception.

Dans le même espace de temps, les douanes ont versé dans le trésor 70,000,000 fr.; l'enregistrement et les domaines 17,000,000 fr.; la loterie, 3,742,260 fr.; les postes, 2,446,916 fr. 76 cent.: les droits de navigation et de tonnage sont compris dans la perception des contributions indirectes.

Ce rapide aperçu vous permettra, Messieurs, de juger de la situation du département dont les intérêts vous sont confiés, et d'apprécier la mesure des ressources dont vous pouvez disposer. Je m'empresserai de vous communiquer les renseignements plus étendus que vous voudriez bien me demander.

Tels sont, Messieurs, les principaux objets que je dois soumettre à votre examen.

Si je devois être jugé d'après mes intentions, je vous présenterois mes actes avec confiance. C'est sur des faits que votre opinion s'établira, et je suis moins rassuré. J'ose espérer cependant que mon dévoûment au Roi, que mon attachement à nos institutions, que mon zèle pour les intérêts qui me sont confiés, disposeront à l'indulgence les membres d'un conseil que de semblables sentiments ont constamment dirigés, et que votre assentiment me soutiendra dans les efforts que je me propose de faire pour persévérer dans la ligne que j'ai jusqu'alors suivie.

TRAVAIL

SOUMIS AU CONSEIL GÉNÉRAL.

SESSION DE 1828.

N°s DES ROUTES.	DÉSIGNATION DES ROUTES.	LONGUEUR des ROUTES.	MOTIFS DES PROPOSITIONS DE M. L'INGÉNIEUR EN CHEF.	CRÉDITS DEMANDÉS par M. L'INGÉNIEUR en chef.	CRÉDITS DEMANDÉS par M. LE PRÉFET.	MOTIFS DES PROPOSITIONS DE M. LE PRÉFET.
1er.	De Lormont au Carbon-Blanc............	MÈTRES. 3,002	L'entretien de cette route se fait par entreprise; elle est en assez bon état. La chaussée est formée sur une longueur de 2,119 mètres en blocage calcaire, qu'on s'applique à convertir en empierrement. On en a converti 156 mètres pendant cette campagne.	2,000f »c	»f »c	
2	De St. Macaire à Ste. Foi..................	52,970	On a démonté et reconstruit 250 mètres courants de chaussée en empierrement dans la commune de Saint-Sulpice. On a construit en outre 123 mètres courants de chaussée neuve, et approvisionné 200 mètres cubes de matériaux. Cette route se compose: 1°. D'une portion de 18,433 mètres, depuis Saint-Macaire jusqu'à Sauveterre, où se rencontrent 10,570 mètres en chaussée de gravelage, d'empierrement ou de blocage; le reste en diverses lacunes de terrain naturel; 2°. D'une portion de 15,910 mètres, depuis Sauveterre jusqu'à Pellegrue, dont 4,423 mètres en chaussée d'empierrement ou blocage, et le reste en terrain naturel; 3°. D'une partie de 18,627 mètres de Pellegrue à Sainte-Foi, qui présente 6,091 mètres de chaussée en empierrement ou gravelage, et tout le reste en terrain naturel. La route n°. 2 est d'une grande utilité, comme fournissant un débouché aux productions de l'Entre-deux-Mers, sur la Dordogne et la Garonne, et comme servant aux communications militaires avec l'Espagne. Elle va acquérir, sous ce dernier rapport, une très-grande importance par la construction du pont suspendu sur la Dordogne, à Sainte-Foi, et du pont suspendu sur la Garonne, à Langon. D'après les états et projets réguliers qui ont été dressés, on évalue la dépense nécessaire, pour le complet achèvement de cette route, à la somme totale de.................. 260,000f »c L'entretien exigera ensuite un crédit annuel de..... 18,000 »	260,000 »	100,000 »	Cette route est ouverte sur toute son étendue; il ne faut ni la redresser, ni l'élargir, ni en changer la direction sur aucun point. On aura deux ponts seulement à construire. Des travaux ont déjà été faits dans les plus mauvaises parties, entre Saint-Macaire et Sauveterre, et de ce point à Saint-Léger, vers Pellegrue. Si le sol en est généralement mauvais, on retrouve de distance en distance des portions qui, à une époque reculée, furent mises en bon état, et où quelques travaux peu dispendieux suffiront pour les restaurer complètement. Il existe aussi, à proximité, des pierres propres à la confection des chaussées. Enfin les communes qui en feroient usage pour se rendre aux marchés de Sauveterre, de Pellegrue et de Sainte-Foi, sont disposées à fournir des secours qui diminueroient la dépense des travaux.

Nᵒˢ. des routes.	DÉSIGNATION DES ROUTES.	LONGUEUR des routes. (myriam.)	MOTIFS DES PROPOSITIONS DE M. L'INGÉNIEUR EN CHEF.	CRÉDITS DEMANDÉS par M. L'INGÉNIEUR en chef.	par M. LE PRÉFET.	MOTIFS DES PROPOSITIONS DE M. LE PRÉFET.
3	De Libourne à St. Pey d'Armens............	11,890	On a fait des terrassements dans les parties en terrain naturel pour maintenir la viabilité pendant le reste de la campagne; on en couvrira une longueur de 3oo mètres avec du gravier, sur 10 centimètres d'épaisseur. La route se compose, 1°. de 9,470 mètres de longueur, recouverte d'une couche de gravier de 0ᵐ. 10ᶜ. d'épaisseur; 2°. de diverses lacunes en terrain naturel, formant ensemble une longueur de 2,420 mètres. Cette route, qui établit la communication entre Bordeaux et Bergerac, par Libourne, est très-fréquentée et très-pratiquée; il seroit essentiel de la mettre en bon état. La dépense à faire pour son complet achèvement, s'élèveroit à........................... 25,000ᶠ ″ᶜ Et son entretien annuel coûteroit................... 3,000 ″	25,000ᶠ ″ᶜ	″ˡ ″ᶜ	Cette route est à-peu-près à l'état d'entretien sur toute son étendue. Depuis l'ouverture par Vignonet d'un embranchement avec la route nᵒ. 13, de Libourne à Bazas, elle n'est plus fatiguée par un roulage aussi actif que précédemment : il suffira d'affecter désormais des fonds à son entretien.
4	De Bordˣ. à la Teste.	54,394	On a rechargé les chaussées en gravier sur les points les plus dégradés, particulièrement aux abords du Chai Anglais, entre le Haut-Brion et les échoppes aux abords du Monteil, entre le Teich et Gujan. On a réparé la route entre Marcheprimes et les Argenteyres; on a construit une chaussée entre le village de Maguiche et le pont des Arestieux; on a exhaussé la route entre le pont de Lamothe et Leyre. La dépense, en y comprenant l'arriéré, excède le crédit; elle s'élève à 17,066 fr. 42 cent. Il existe sur cette route 13,640 mètres de chaussée en pavé ou empierrement, depuis Bordeaux jusqu'au pont des Arestieux, et 40,754 mètres de route en terrain naturel. D'après l'état qui en a été dressé, il faudroit, pour la confectionner en entier, dépenser une somme de.................................. 250,000ᶠ ″ᶜ Une fois achevée, son entretien annuel coûteroit.. 12,000 ″	250,000 ″	″ ″	C'étoit entre Bordeaux et la Croix d'Hins, et dans la traverse des marais de Lamothe, que se trouvoient les parties les plus mauvaises de cette route. Une chaussée en gravier existe maintenant depuis Bordeaux jusqu'à Brunet, sur une étendue de quatre lieues; de là à la Croix d'Hins, il existe quelques sables sur lesquels on peut pratiquer des chaussées en brande qui coûteroient de 20 à 25 cent. par mètre courant. De la Croix d'Hins à Lamothe, le terrain est assez ferme, la route est bordée de fossés : il ne faut là qu'un simple entretien. Une chaussée parfaitement bien construite règne dans la traverse des marais de Lamothe, avant et après le pont jeté sur la Leyre par un entrepreneur qui l'entretiendra aussi long-temps qu'on le voudra, si l'on prolonge la concession du péage. Dans la traverse de Gujan et du Teich, il faut faire quelques portions de chaussées pour lesquelles on fera usage de brandes et d'autres matériaux que l'on trouvera sur les localités. Deux ponts sont à faire aussi sur cette route : l'un au moulin du sieur Daney, dans Gujan, l'autre au moulin de Mᵐᵉ. Caupos, près la Teste. Ils coûteront environ 10,000 fr. On voit, par cet exposé, que les travaux les plus dispendieux que réclamoit l'état de cette route, sont terminés, et que l'on peut pourvoir à ceux qui n'ont pas été exécutés, en lui conservant une forte allocation pour l'entretien.

(93)

N°. des routes.	DÉSIGNATION des routes.	LONGUEUR des routes.	MOTIFS DES PROPOSITIONS DE M. L'INGÉNIEUR EN CHEF.	CRÉDITS DEMANDÉS par M. l'ingénieur en chef.	CRÉDITS DEMANDÉS par M. le préfet.	MOTIFS DES PROPOSITIONS DE M. LE PRÉFET.
		mètres.				
5	De St. André de Cubzac à Libourne............	14,332	On s'est occupé de recharger en gravier les parties les plus défectueuses. Avant la fin de la campagne, on construira 300 mètres courants de chaussée neuve. Cette route se compose d'une partie de 8,832 mètres en chaussée d'empierrement, de diverses lacunes de terrain naturel sableux, formant ensemble une longueur de 5,500 mètres, depuis Saint-André à Cadillac. Pour mettre cette route en bon état, il suffiroit d'y dépenser................ 6,500f "c L'entretien exigeroit un crédit annuel de............ 3,500 "	6,500f "c	6,500f "c	Il est d'ailleurs à remarquer que cette route n'est fréquentée que par des voitures légèrement chargées, et qui ne la parcourent qu'en très-petit nombre, depuis la Teste jusqu'à la Croix d'Hins. Ce n'est que sur ce point que les communes voisines commencent à en faire usage : le roulage auquel elle est soumise va même devenir beaucoup moins actif très-incessamment ; car les habitants d'Andenge, Andernos et Illats, s'occupent actuellement de l'ouverture d'une route directe, au moyen de laquelle ils arriveront désormais à Bordeaux par Mérignac. Sur une très-grande étendue, le sol de cette route est de très-bonne qualité ; les bas-fonds ont déjà été réparés en grande partie, et la somme que l'on propose de lui allouer suffira certainement pour terminer sa restauration.
6	De Bord*. à Mérignac.	4,759	Sous ce titre, on comprend l'entretien des chaussées pavées dans la banlieue de Bordeaux, des quatre routes de Bordeaux à Mérignac, au Verdon, à Saint-Médard et à la Teste. Les réparations nécessaires aux chaussées pavées dans les traverses et faubourgs de Bordeaux, ont été exécutées d'après un bail d'entretien, et ces chaussées sont en assez bon état. La route n°. 6 se compose d'une portion de 2,666 mètres en chaussée pavée, et d'une partie de 2,093 mètres en terrain naturel assez solide ; mais sa largeur, qui n'est que de 6 à 7 mètres, est insuffisante ; et pour la porter à 11 mètres, y compris les fossés, il faudroit dépenser une somme totale de................ 8,000f "c L'entretien annuel coûteroit................ 1,000 "	8,000 "	8,000 "	Le sol de cette route peu fréquentée par les voitures, est généralement bon. Au moyen de la somme proposée, on pourra pourvoir aux bouts de chaussées qui doivent être construites sur quelques passages sablonneux et trop humides.

N°. des routes.	DÉSIGNATION des routes.	LONGUEUR des routes.	MOTIFS DES PROPOSITIONS DE M. L'INGÉNIEUR EN CHEF.	CRÉDITS DEMANDÉS par M. l'Ingénieur en chef.	CRÉDITS DEMANDÉS par M. le Préfet.	MOTIFS DES PROPOSITIONS DE M. LE PRÉFET.
7	De Bordx. à St. Médard.	mètres. 12,745	On s'est borné au simple entretien ; la dépense, y compris l'arriéré, se monte à .... 5,580f »c Cette route se compose de 4,425 mètres en chaussées pavées ou en empierrement, et de 8,320 mètres en terrain naturel, dont diverses parties en sol graveleux sur une longueur totale de 3,100 mètres, sont assez fermes pour dispenser d'une chaussée. La dépense à faire pour la mettre entièrement en bon état s'élèveroit à .... 30,000f »c Après quoi l'entretien exigeroit une dépense annuelle de .... 2,500 »	30,000f »c	25,000f »c	Les travaux exécutés l'année dernière sur cette route et qui ont coûté 7,200 fr. ont fait disparoître le passage le plus difficile. On trouve encore des sables qu'il faut fixer ; mais les matériaux étant peu éloignés, on a tout lieu de croire que la dépense réelle n'excédera pas l'évaluation que l'on présente.
8	De Libourne à la Rochechalais.............	31,249	On s'occupe de charger en gravier une portion de route en terrain naturel entre Frappe et Libourne ; on va reconstruire le ponceau des Meules dans la commune de Coutras. On réclamoit depuis long-temps l'établissement d'un pont sur la rivière de Chalaure, à la limite du département. Ce travail a été commencé et sera terminé pendant cette campagne, moyennant la somme de 4,525 fr. 57 cent., prix de l'adjudication, non compris celle de 191 fr. 20 cent. réservée pour cas imprévus. Des difficultés pour indemnités de terrain ont causé quelque retard. Cette route se compose de 15,600 mètres en chaussée d'empierrement, et de 15,649 mètres en terrain naturel de mauvaise qualité. La dépense à faire pour l'exécution des chaussées neuves, des terrassements, des aquéducs et ponceaux que nécessite encore le complet achèvement de cette route, s'élèveroit à .... 70,000f »c Après son entière confection, l'entretien annuel coûteroit .... 6,500 » On construit un pont suspendu, au passage de la rivière de l'Isle, à Laubardemont.	70,000 »	20,000 »	Cette route a été réparée entre Libourne et Coutras, partie la plus importante pour le département de la Gironde. Elle est maintenant à l'état d'entretien dans toute cette étendue. Après Coutras, le terrain n'est pas très-mauvais, et les parties qui peuvent exiger des travaux dispendieux, sont peu nombreuses et peu étendues. On terminera cette année la construction du pont du Chalaure. La Dronne devant être rendue navigable très-prochainement, soulagera beaucoup cette partie de route entre la Rochechalais et Coutras, dont on n'usera presque plus pour le roulage.

Nos des routes.	DÉSIGNATION des routes.	LONGUEUR des mètres.	MOTIFS DES PROPOSITIONS DE M. L'INGÉNIEUR EN CHEF.	CRÉDITS DEMANDÉS par M. L'INGÉNIEUR en chef.	par M. LE PRÉFET.	MOTIFS DES PROPOSITIONS DE M. LE PRÉFET.
9	De Langoiran au Pavillon..............	20,194	On a commencé, dans la commune de Haux, une chaussée en empierrement, dont 165 mètres de longueur sont construits. Pour le reste, les matériaux sont extraits en carrière; on attend pour les employer que les communes qui ont promis d'en faire le transport, remplissent cet engagement. Cette route se compose de 17,108 mètres en chaussées d'empierrement, et de 3,086 mètres en terrain naturel. Elle est très-fatiguée par les transports de pierre, et son entretien sera toujours dispendieux. D'après l'état qui en a été dressé, l'achèvement complet de cette route exigeroit encore une dépense de.................. 20,008^f $_{ »}$^{c} Alors son entretien annuel coûteroit.................. 6,000 »	20,000^f $_{ »}$^{c}	20,000^f $_{ »}$^{c}	Les matériaux abondent sur cette route, et l'on trouve un concours très-actif chez les communes qu'elle traverse. Au moyen de foibles crédits alloués jusqu'à ce moment, on est parvenu à faire disparoître les plus mauvais passages, et à la rendre praticable sur presque toute son étendue. La somme proposée suffiroit pour la mettre à l'état d'entretien.
10	De Bordx. à St. Macaire.	45,271	On a exécuté 1,070 mètres de longueur de chaussée neuve dans le bourg de Latresne. On a continué par voie de régie, au compte de l'entrepreneur, les travaux de la rampe de Latresne. Cette rampe est maintenant confectionnée sur 1,200 mètres de longueur: on en continue les travaux. Cette route se compose : 1°. D'une partie ouverte depuis la route royale n°. 10, jusqu'à la limite de la commune de Cenac, sur 9,399 mètres de longueur, et comprenant 7,207 mètres de chaussée en empierrement, et 2,192 mètres en terrain naturel, dont 98 mètres restent à ouvrir dans la propriété du sieur Vignial ; 2°. D'une partie à ouvrir sur 11,215 mètres de développement total, depuis le commencement de la commune de Cenon jusqu'à Langoiran ; 3°. D'une portion de 9,386 mètres entre Langoiran et Cadillac. (On a exécuté, à la sortie de Cadillac, une chaussée en gravier, et un aqueduc, travaux résultants d'une convention passée entre la com-	170,000 »	80,000 »	À l'exception de quelques portions peu étendues dans Tabanac et dans le Tourne, cette route est ouverte jusqu'à Langoiran. La concession gratuite des terrains qu'il faut occuper sur ces deux points, et des secours considérables de la part des communes et de plusieurs souscripteurs, sont assurés. Les matériaux sont partout très-rapprochés ; au-delà de Langoiran, et jusqu'à Saint-Macaire, elle est ouverte dans beaucoup d'endroits ; elle est tracée sur un terrain ferme et pierreux où l'on n'aura presque rien à faire. On retrouve les restes de la chaussée qui fut autrefois établie et qu'on pourra aisément restaurer. À droite et à gauche, il existe des matériaux sur le bord de la route.

N°. des Routes.	DÉSIGNATION DES ROUTES.	LONGUEUR des routes. (mètres)	MOTIFS DES PROPOSITIONS DE M. L'INGÉNIEUR EN CHEF.	CRÉDITS DEMANDÉS par M. l'Ingénieur en chef.	par M. le Préfet.	MOTIFS DES PROPOSITIONS DE M. LE PRÉFET.
			...mune et M. le Préfet. La dépense, montant à 2,800 fr. et autorisée par arrêté du 25 Juin, sera imputée sur l'exercice 1829); 4°. Enfin de la partie de 15,271 mètres de longueur, entre Cadillac et Saint-Macaire, se composant de 400 mètres de chaussées en empierrement, et de 11,271 mètres en terrain naturel. L'achèvement complet de la 1re. partie coûteroit... 14,000f #c Pour arriver depuis la limite de la commune de Latresne jusqu'à Langoiran, on avoit à opter entre deux directions : l'une, par la plaine longeant la Garonne; l'autre, en franchissant les coteaux, et passant par les bourgs de Cenac, Meynac, Saint-Caprais, Tabanac et le Tourne. Le conseil général, dans sa session de 1828, avoit indiqué cette dernière direction. Un rapport sur cette question, appuyé du projet étudié dans chacune des deux hypothèses, a été soumis à l'autorité supérieure en Juin dernier; il en résultoit que le tracé par les coteaux seroit à préférer, et donneroit lieu à une dépense de..................... 56,000 # La construction de toutes les chaussées et ouvrages d'art qu'il faudroit établir pour achever les parties de route entre Langoiran, Cadillac, Saint-Macaire, et la restauration des portions déjà confectionnées, nécessiteroient une dépense qu'on peut évaluer par approximation à.................. 100,000 # Total pour l'entier achèvement......... 170,000f #c La dépense annuelle pour l'entretien, seroit de..... 11,000f #c			
11	De Bazas à Casteljaloux.	18,303	Les travaux à faire pendant cette campagne consistoient en construction et réparation de chaussées dans les communes de St. Côme, Saumos, Birac et Grignols. Les pierres ont été extraites, et se trouvent disponibles en carrière. Mais les communes qui avoient promis	38,000f #c	18,000f #c	Il existe déjà sur cette route, dont la longueur totale n'est que de 18,303 mètres, une chaussée en pierre de 7,800 mètres : c'étoit la plus mauvaise partie; 4,500 mètres offrent un terrain graveleux sur lequel il ne faut faire aucun travail. Il ne reste donc à réparer que 10,000 mètres dont le sol est généralement

N⁰ˢ des Routes.	DÉSIGNATION DES ROUTES.	LONGUEUR des ROUTES.	MOTIFS DES PROPOSITIONS DE M. L'INGÉNIEUR EN CHEF.	CRÉDITS DEMANDÉS par M. l'ingénieur en chef.	par M. le préfet.	MOTIFS DES PROPOSITIONS DE M. LE PRÉFET.
		MÈTRES.	d'en effectuer le transport à pied d'œuvre, n'ayant pas rempli leurs engagements, les travaux ont été nécessairement suspendus, et une partie du crédit reste encore à dépenser. Depuis Bazas jusqu'à la sortie du territoire de Birac, la route est en chaussée d'empierrement ou de blocage sur une longueur totale de 7,800 mètres; elle se continue presque entièrement en terrain naturel jusqu'à la limite du département; mais on trouve sur 4,500 mètres de longueur en plusieurs parties, un sol graveleux qui n'a pas besoin de chaussée. D'après l'état détaillé qui vient d'être dressé, on voit que la dépense à faire pour réparer les anciennes chaussées, et construire les chaussées neuves qui restent à établir sur diverses parties en terrain naturel, s'élèvent à...................................... 38,000ᶠ »ᶜ Une fois la route mise en bon état, l'entretien exigeroit une somme de... 4,000 » Cette route peut devenir très-importante, si le département de Lot et Garonne continue la construction des chaussées à faire entre Casteljaloux et Barbaste : elle seroit la communication la plus courte entre Bordeaux et Auch, par Casteljaloux et Nérac.			bon, et sur lequel il suffira d'établir une chaussée d'une couche légère en pierre et en gravier. Elle coûtera peu, les matériaux étant à une très-petite distance. L'on peut d'ailleurs compter sur le concours volontaire des communes : la dépense se réduira aux frais de main d'œuvre.
12	De Bourg à Montlieu.	20,670	On a rechargé en graviers plusieurs portions de chaussée, entre Bourg et la route royale n⁰. 137. On a recouvert en gravier une longueur de 300 mètres de route, en terrain naturel. On s'occupe d'une chaussée en empierrement de la même longueur dans la commune de Pugnac, et on ouvrira une lacune de 600 mètres dans cette commune. L'emploi des fonds a été retardé par le refus qu'ont fait les communes de Bourg, Lalibarde, Lansac et autres, de transporter les matériaux, comme elles l'avoient promis. Cette route se compose de 8,900 mètres de longueur de chaussée en empierrement, de 1,670 mètres en terrain naturel graveleux, et d'une portion de 10,100 mètres à peine ébauchée.	65,000ᶠ »ᶜ	15,000ᶠ »ᶜ	Il existe une chaussée en empierrement et gravier depuis Bourg jusqu'à Pugnac, où l'on rencontre la route royale de Saint-Malo. Cette partie est la seule qui soit habituellement fréquentée par les voitures. Plus loin, on préfère se rendre à Blaye, où conduit une route construite en pierre par les communes depuis Saint-Savin. Les marchés, les foires et le commerce de Blaye offrent des ressources que l'on ne retrouve point à Bourg. Au-delà de Pugnac, cette route est fort peu utile, comme le fait remarquer M. l'ingénieur; elle est presque partout ouverte sur un sol graveleux; quelques travaux pour en régulariser les pentes et en écarter les eaux pluviales, la mettroient dans un très-bon état.

Nos des routes.	DÉSIGNATION DES ROUTES.	LONGUEUR des routes. (mètres.)	MOTIFS DES PROPOSITIONS DE M. L'INGÉNIEUR EN CHEF.	CRÉDITS DEMANDÉS par M. l'ingénieur en chef.	par M. le préfet.	MOTIFS DES PROPOSITIONS DE M. LE PRÉFET.
13	De Libourne à Bazas..	68,186	Une bonne partie du terrain de cette route est assez graveleux pour qu'on puisse se dispenser d'y établir des chaussées. La dépense à faire pour la terminer complètement, s'élèveroit à.... 65,000f »c Et l'entretien, après entière confection, exigeroit un crédit annuel de.......... 6,000f »c On a ouvert 1,700 mètres de route dans la commune de Saint-Emilion, et on a rechargé en gravier une portion de 900 mètres; de sorte qu'il n'y a plus que 800 mètres en terrain naturel sur la partie de cette route, depuis son embranchement avec la route n°. 3, jusqu'au-delà de Rauzan. On a extrait la pierre nécessaire pour construire une portion de chaussée à Bonsol; mais la commune des Esseintes n'en a pas voulu faire le transport. La chaussée Béchade, aux abords du pont suspendu en contruction à Labarthe, sur le Drot, est presque entièrement achevée. Ce pont sera terminé à la fin de la campagne. Les travaux de la côte d'Aillas seront incessamment repris, et les terrassements en seront achevés au moyen d'une somme de 1,000 fr. votée par la commune d'Aillas. L'achèvement de ce travail établira une communication non interrompue entre Bazas et la Réole. Les dépenses faites pour travaux exécutés sur cette route, en y comprenant l'arriéré, s'élèvent à plus de................ 25,000f »c Cette route se compose: 1°. D'une portion en empierrement ou gravier, de 11,747 mètres de longueur, depuis Saint-Emilion jusqu'à Rauzan; 2°. Depuis ce point jusqu'à Sauveterre, d'une partie de 15,269 mètres, dont 7,000 mètres sont en chaussée d'empierrement, et le reste en terrain naturel;	130,000f »c	80,000f »c	Cette route depuis long-temps négligée offroit, lorsque la restauration en fut entreprise, des parties étendues très-mauvaises, et où il a fallu des travaux d'art. Elles sont aujourd'hui presque toutes réparées et en bon état: les redressements, les élargissements et les changements de direction, notamment entre le Drot et la route n°. 2, ont été faits; les ponts ont été construits. Les parties qui restent à exécuter, si l'on en excepte la côte d'Aillas, ne sont pas très-dégradées; sur la plus grande étendue, on trouve un sol ferme, où l'on pourra construire des chaussées avec beaucoup d'économie: 80,000 fr. employés avec discernement, et en usant des ressources que l'on trouve sur les localités, couvriront les dépenses.

Nos DES ROUTES.	DÉSIGNATION DES ROUTES.	LONGUEUR des routes. mètres.	MOTIFS DES PROPOSITIONS DE M. L'INGÉNIEUR EN CHEF.	CRÉDITS DEMANDÉS par M. L'INGÉNIEUR en chef.	CRÉDITS DEMANDÉS par M. LE PRÉFET.	MOTIFS DES PROPOSITIONS DE M. LE PRÉFET.
			3°. D'une partie de 13,528 mètres, de Sauveterre à la Réole, presqu'entièrement formée en chaussées d'empierrement ou blocage, et dont 2,000 mètres seulement sont en terrain naturel; 4°. D'une partie de 27,642 mètres, de la Réole à Bazas, présentant, sur divers points, une longueur totale de 12,615 mètres de chaussées en gravelage, empierrement ou blocage, et le reste en terrain naturel. La route n°. 13 est une des plus importantes du département. Elle est indispensable pour l'écoulement des produits du territoire d'Entre-deux-Mers, sur la Dordogne et la Garonne; elle établit la communication entre trois chefs-lieux de sous-préfecture, Libourne, la Réole et Bazas; enfin, elle devient route militaire pour les opérations sur l'Espagne. D'après les états qui ont été dressés, la dépense à faire pour le complet achèvement de cette route, s'élèveroit à.......... 130,000f »c Son entretien, après entière restauration, coûteroit annuellement.......... 12,000f »c			
14	De Bordeaux au Verdon..........	94,135	On a exécuté diverses réparations entre Bordeaux et la Médoquine; dressé les accotements entre le Vigean et le pont de Cavaille, entretenu la chaussée entre le Vigean et Bordeaux. On a aussi réparé la chaussée entre le Taillan et Castelnau. La dépense, en y comprenant l'arriéré, s'élève à..... 10,554f 42c Cette route se compose de 12,435 mètres, en chaussée pavée ou en engravement, et de 81,700 mètres en terrain naturel. En se bornant à n'exécuter de chaussées d'empierrement que dans les parties où le sable est très-mobile sur 30,000 mètres environ, et à perfectionner les terrassements et les fossés dans tout le reste, il faudroit dépenser.......... 230,000f »c Après ces travaux, l'entretien coûteroit annuellement 12,000f »c	230,000f »c	30,000f »c	Si l'on vouloit construire une chaussée sur toute l'étendue de cette route, la dépense seroit considérable; mais si l'on considère l'utilité dont elle peut être, on reconnoîtra aisément qu'il est plusieurs parties sur lesquelles on doit la laisser en terrain naturel, en ayant la précaution de faciliter l'écoulement des eaux et de combler les ornières. Elle établit des communications suivies entre Bordeaux et Castelnau; mais de ce point à Lesparre, on la parcourt à peine : elle ne sert même pas au transport des récoltes, que l'on préfère envoyer aux ports situés sur les rives de la Garonne et de la Gironde, et d'où elles sont dirigées sur Bordeaux ou sur les autres villes du département. Toute cette partie, dont la longueur est de 31,378 mètres, est ouverte sur un sol de bonne qualité; on devra se borner à un simple entretien. Elle intéresse si peu les communes qu'elle traverse, que malgré les démarches réitérées

N°. DES ROUTES.	DÉSIGNATION DES ROUTES.	LONGUEUR des ROUTES. (mètres)	MOTIFS DES PROPOSITIONS DE M. L'INGÉNIEUR EN CHEF.	CRÉDITS DEMANDÉS par M. L'INGÉNIEUR en chef.	CRÉDITS DEMANDÉS par M. LE PRÉFET.	MOTIFS DES PROPOSITIONS DE M. LE PRÉFET.
						de l'administration, elles se sont constamment refusées à fournir même des prestations pour la réparer, en affirmant qu'elles n'en faisoient aucun usage. Elle ne peut être utile non plus à Lesparre, dont les communications avec Bordeaux ont lieu maintenant par Pauillac, et que la nouvelle route récemment ouverte va rendre plus faciles. Cette route est parfaitement réparée de Bordeaux au-delà du Taillan; il ne faut plus que l'entretenir. De ce point à Castelnau, on devra faire disparoître quelques parties peu étendues où l'on trouve un sable fatigant : ce travail ne donnera pas lieu à une dépense très-élevée. On n'aura donc réellement à s'occuper que de la partie entre Lesparre et le Verdon; mais la route est partout ouverte; sur plusieurs points, le terrain est solide et les matériaux à portée. Ici encore les communications sont peu actives, puisqu'elles ne peuvent être établies qu'avec quatre ou cinq communes dont le plus grand nombre dirige ses produits sur les ports de la Gironde.
15	De la Réole à Monségur..................	21,244	On a exécuté diverses réparations, particulièrement entre la Réole et Saint-Hilaire de la Noaille; on attend, pour consommer les crédits, que les communes fassent transporter les matériaux extraits. Cette route se compose de 2,653 mètres de chaussée en blocage ou empierrement, et de 18,591 mètres en terrain naturel; elle est dans le plus mauvais état possible, et n'est viable dans aucune saison; elle a d'ailleurs peu d'utilité depuis que la navigation du Drot est établie. La dépense nécessaire pour l'exécution complète de cette route, à peine ébauchée, ne sauroit être évaluée à moins de. 100,000^f $''^c$ Et son entretien annuel coûteroit.................... 4,000^f $''^c$	100,000^f $''^c$	30,000^f $''^c$	Cette route est peu utile : vous n'avez affecté des fonds à sa restauration qu'en 1827, quoique depuis douze ans vous en ayez constamment accordé à toutes les routes du département. Son utilité a été diminuée par la navigation du Drot, au moyen de laquelle on transporte tous les produits destinés à la Réole, ou que l'on veut diriger sur Bordeaux. Les travaux ne devront donc pas être exécutés avec le soin que l'on doit apporter sur les routes sujettes à un roulage actif. Les matériaux sont partout à pied d'œuvre; ils ont une foible valeur, et l'on peut affirmer qu'ils seront abandonnés gratuitement comme ceux que l'on a employés aux travaux déjà exécutés.
16	De Preignac à Villandraut..............	22,000	On a exécuté une chaussée en brande sur 120 mètres de longueur, à la limite de Léogats. On a essarté les arbres et arbustes entre Noaillan et Villandraut. On a construit une chaussée en em-	120,000 $''$	40,000 $''$	Le rapport de M. l'ingénieur en chef fait connoître que 3,300 mètres sont réparés; et sur plus de 6,000 mètres en terrain graveleux, on n'a pas besoin de chaussée. Il reste donc à restaurer à-peu-près 12,000 mètres sur un terrain en

Nos. des Routes.	DÉSIGNATION DES ROUTES.	LONGUEUR des ROUTES. (mètres.)	MOTIFS DES PROPOSITIONS DE M. L'INGÉNIEUR EN CHEF.	CRÉDITS DEMANDÉS par M. L'INGÉNIEUR en chef.	par M. LE PRÉFET.	MOTIFS DES PROPOSITIONS DE M. LE PRÉFET.
			pierrement, de 325 mètres de longueur, dans la traverse de Noaillan. On a extrait toute la pierre nécessaire pour la construction de la chaussée jusque sur le port de Preignac. La commune a commencé le transport de ces matériaux, qui seront immédiatement mis en œuvre. Cette route est le débouché naturel, sur la Garonne, des grandes landes, dont Villandraut est le dépôt ; elle remplira bien plus complètement cette destination, si, comme M. le Préfet en a l'intention, on la prolonge jusqu'à Soze, par Saint-Léger, Saint-Symphorien et la Trongue : le projet en est maintenant à l'étude. Ce prolongement seroit de 17,000 mètres : on peut en évaluer approximativement la dépense à.................... 80,000^f »^{c} Il n'existe encore, sur la route n°. 16, que 3,300 mètres de longueur de chaussée en empierrement ou gravelage. Le reste est en terrain naturel sablonneux ; mais, sur plus de 6,000 mètres de longueur, on trouve un sol graveleux qui n'a pas besoin de chaussée. Il résulte d'un état récemment dressé, que les travaux nécessaires pour confectionner les chaussées qui restent à faire et pour réparer celles existantes, exigeroient une dépense de.......... 120,000^f »^{c} Et que les frais d'entretien, après parfaite et complète confection, monteroient annuellement à........................ 6,000^f »^{c}			partie sablonneux et en partie solide, où les travaux seront peu dispendieux : 40,000 fr. en couvriront nécessairement la dépense. Cette route est utile au débouché des produits d'une grande partie de nos landes.
17	De Bordx. à Libourne.	19,588	Cette route, qui faisoit partie de la route royale n°. 89, a été classée parmi les routes départementales, par ordonnance du Roi, en date du 13 Février 1828 ; elle est remplacée par la route nouvellement ouverte entre Bordeaux et Libourne. Elle se compose : 1°. d'une partie de 2,032 mètres en chaussée pavée en grès, et d'une autre partie de 3,887 mètres en blocage, depuis la rivière de l'Isle jusqu'à la Dordogne ; 2°. d'une portion en chaussée d'empierrement ou de graviers, sur 8,623 mètres de longueur ; 3°. d'une partie de 5,000 mètres en terrain naturel sableux.	30,000 »	30,000 »	Elle servira au transport des denrées de plusieurs communes ; mais elle n'établira pas des communications très-actives. Ouverte sur un sol généralement bon, on y trouve cependant quelques portions sablonneuses où l'on devra construire des chaussées.

Nᵒˢ. des Routes.	DÉSIGNATION DES ROUTES.	LONGUEUR des routes.	MOTIFS DES PROPOSITIONS DE M. L'INGÉNIEUR EN CHEF.	CRÉDITS DEMANDÉS par M. L'ingénieur en chef.	par M. le Préfet.	MOTIFS DES PROPOSITIONS DE M. LE PRÉFET.
		mètres.	La restauration des deux premières parties coûteroit...................... 6,000ᶠ »ᶜ L'établissement d'une chaussée d'empierrement, sur la dernière partie de 5,000 mètres, exigeroit une dépense de.......... 24,000ᶠ »ᶜ ———— 30,000ᶠ »ᶜ L'entretien, après entière confection, coûteroit annuellement........................ 4,000ᶠ »ᶜ			
18	De Bordˣ. à Pauillac.	43,240	On a exécuté des travaux d'entretien entre l'embranchement sur la route nᵒ. 14 et Blanquefort, entre Cussac et Saint-Julien, entre Blanquefort et Macau. On a construit deux ponceaux dans la commune de Pauillac ; on en a construit deux autres dans la commune de Saint-Julien, et les avances de fonds nécessaires ont été faites par MM. Guestier et Barton, qui ont consenti à n'être remboursés que sur le crédit de 1829. Cette route est composée de 7,950 mètres en chaussées d'empierrement, et 35,290 mètres en terrain naturel. La dépense, pour la confectionner entièrement, s'élèveroit à.......................... 110,000ᶠ »ᶜ Une fois achevée, l'entretien exigeroit un crédit annuel de........................ 8,000ᶠ »ᶜ	110,000ᶠ »ᶜ	80,000ᶠ »ᶜ	Cette route est en bon état depuis Bordeaux jusqu'au village de Cachac et dans les communes de Saint-Julien et Pauillac ; mais dans la partie intermédiaire il existe de très-longues portions en sable, où des chaussées devront être établies. La levée d'Arcins devra aussi être exhaussée pour la mettre à l'abri des eaux en hiver, et il faudra y construire en pierre des ponts maintenant en bois.
19	De Stᵉ. Foi à la Sauvetat.................	10,264	On a rechargé en gravier la portion de route entre Sainte-Foi et le premier coteau. On exécutera 600 mètres courants de chaussée neuve pendant cette campagne ; on en avoit construit 1,753 mètres en 1827. Elle est couverte, sur une grande partie, de gros blocs qu'on s'occupe à casser. Les matériaux se rencontrent presque partout à peu de distance. Cette route se compose de 4,042 mètres en chaussée d'empierrement, et de 6,222 mètres en terrain naturel. Elle a été classée au	35,000 »	20,000 »	Cette route, sur laquelle il a déjà été fait des travaux importants, au moyen des allocations de 1827 et 1828, s'élevant en totalité à 4,000 fr., pourra être réparée complètement avec beaucoup d'économie, parce qu'elle est ouverte sur un sol généralement pierreux, et que l'on obtiendra gratuitement tous les matériaux dont on a besoin. On doit remarquer que d'après le rapport de M. l'ingénieur en chef, l'étendue sur laquelle il doit être construit des chaussées, n'est que de 6,222 mètres.

Nos. DES ROUTES.	DÉSIGNATION DES ROUTES.	LONGUEUR des ROUTES.	MOTIFS DES PROPOSITIONS DE M. L'INGÉNIEUR EN CHEF.	CRÉDITS DEMANDÉS par M. L'INGÉNIEUR en chef.	par M. LE PRÉFET.	MOTIFS DES PROPOSITIONS DE M. LE PRÉFET.
		mètres.	nombre des routes départementales par ordonnance du Roi, du 13 Février 1828. Elle établit une communication intéressante entre le département de Lot et Garonne et Sainte-Foi, qui devient ainsi l'entrepôt des produits que ce département dirige sur la Dordogne. D'après l'état qui a été dressé, la dépense, pour l'entier achèvement, s'élèveroit à................. 35,000ᶠ ″ᶜ Et l'entretien annuel coûteroit................ 2,500ᶠ ″ᶜ			
20	Du chemin de Libourne à Montlieu...........	13,465		30,000 ″	20,000 ″	L'embranchement de la route nᵒ. 8 est commun à cette route entre Libourne et Saint-Denis de Pile ; de là à Guitres, elle est maintenant à-peu-près en état d'entretien, elle est entièrement ouverte jusqu'à l'extrémité du département de la Gironde ; mais entre ce point et Guitres, elle réclame des travaux auxquels on pourra pourvoir au moyen du crédit demandé. Le sol qu'elle parcourt est partout très-ferme.

DÉPARTEMENT DE LA GIRONDE.

BUDGET

DES

DÉPENSES FIXES DÉPARTEMENTALES,

ET DE CELLES

QUI SONT COMMUNES A PLUSIEURS DÉPARTEMENTS,

Imputables sur les Centimes additionnels centralisés au Trésor royal pour le paiement de ces dépenses.

EXERCICE 1829.

DÉSIGNATION DES DÉPENSES.	SOMMES accordées par le Ministre secrétaire d'état de l'intérieur.	OBSERVATIONS.

CHAPITRE IER.

Traitements administratifs.

Nota. Le produit des vacances et des congés accordés aux préfets, sous-préfets et secrétaires généraux, ne pourra être employé que d'après l'autorisation spéciale du Ministre, et conformément à l'art. 4 de l'ordonnance du 15 Mai 1822.

TRAITEMENTS..

		SOMMES	OBSERVATIONS
du préfet		45,000^f ^c	
du secrétaire général de la préfecture........................		6,000	
du sous-préfet de l'arrondissement de — Blaye.................... 3,000^f ^c			
Libourne 3,000			
La Réole...................... 3,000	15,000		
Bazas.......................... 3,000			
Lesparre........................ 3,000			
des conseillers de préfecture, au nombre de cinq, et à raison de 2,400 fr. pour chacun, et pour l'année.......................		12,000	

TOTAL du Chapitre Ier............................. **78,000^f ^c**

CHAPITRE II.

Frais d'administration par abonnement.

Frais d'administration de la préfecture. (*Ordonnance du Roi, du 15 Mai 1822*). — 47,500^f ^c

Observation : Conformément à la nouvelle fixation établie par l'ordonnance royale du 25 Janvier dernier.

Nota. Cet abonnement se divise en deux parties, conformément à l'art. 2 de l'ordonnance précitée. La première, à laquelle sont destinés les deux tiers de la somme allouée pour la totalité de cette dépense, comprend les appointements des employés, les gages des garçons de bureau, huissiers, concierges et portiers. La seconde, à laquelle est affecté le dernier tiers, se compose des frais de papiers et d'impressions, y compris ceux des formules de patente, des frais de ports de lettres et paquets, lumière, chauffage et de bureau de toute espèce ; des frais de réparations locatives de la maison occupée par le préfet, ses bureaux et les établissements accessoires à la préfecture ; des frais de tournée du préfet dans l'étendue du département, et de ceux des assemblées du conseil général du département et des conseils d'arrondissement.

FRAIS d'administration des Sous-préfectures des arrondissem^s. de

		SOMMES	OBSERVATIONS
Blaye.............................. 4,100^f ^c			
Libourne.......................... 4,900			
La Réole.......................... 4,100	20,900	Comme en 1828.
Bazas.............................. 4,000			
Lesparre 3,800			

TOTAL du Chapitre II............................. **68,400^f ^c**

Nota. Cet abonnement se divise, comme celui du préfet, 1°. en frais d'employés ; 2°. en dépenses matérielles, telles que les frais de bureau, de loyer et les autres dépenses d'administration de toute nature. La division de la somme allouée se fait par moitié.

DÉSIGNATION DES DÉPENSES.	SOMMES accordées par le Ministre secrétaire d'état de l'intérieur.	OBSERVATIONS.

CHAPITRE III.

Maison centrale de détention établie à Cadillac pour recevoir les condamnés criminels à la réclusion, et les condamnés criminels à une année et plus d'emprisonnement.

(Ordonnance du Roi du 2 Avril 1817, et instruction ministérielle du 15 du même mois).

Nota. Les 1re. et 2e. sections de ce chapitre ne seront remplies que par le préfet du département chef-lieu de la maison centrale.

Les préfets des départements de la circonscription n'auront à s'occuper, s'il y a lieu, que de la 3e section, qui concerne les condamnés à un an et plus de détention, qui ne pourront être envoyés à la maison centrale, faute de place.

Ire. Section.

Dépenses ordinaires et annuelles, calculées, pour 1829, sur une population présumée d'environ   détenus.

Art. 1er.....

Nota. Toute augmentation de traitement doit être préalablement approuvée par le Ministre.

Traitements du directeur, des médecins, officiers de santé, indemnité à l'aumônier, salaires des gardiens et autres employés de la maison, suivant les décisions ministérielles....

Traitements sujets à une retenue de 2 centimes et $^{1}/_{2}$ par franc pour les pensions de retraite...................... 10,900f

Traitements non sujets à la retenue............... 1,000

11,900f

Art. 2........

Nourriture des détenus et menues dépenses relatives, médicaments et autres objets de pharmacie, inhumations, entretien du mobilier, du linge du vestiaire, raccommodage, blanchissage, etc.; réparations locatives des bâtiments, chauffage et éclairage, frais de bureau et autres frais pour lesquels on paie 43 *centimes* par jour et par individu à l'entrepreneur du service...... 62,780f

Indemnité aux employés qui ne sont pas logés dans l'établissement................................. 250

63,030f

Art 3........ Entretien de bâtiments à la charge du gouvernement.... 3,000

Art. 4........ Frais de chauffage et d'éclairage des corps-de-garde..... //

Art. 5........ Dépenses diverses, accidentelles ou imprévues, par évaluation.. //

Total des dépenses ordinaires de la maison.......... 77,930f

A distraire.. Revenus particuliers de l'établissement..................... //

Reste à allouer au présent budget, ou total net des dépenses ordinaires de la maison centrale, pour 1829.................. 77,930f   63,150f //c   Alloué pour la dépense de 300 femmes environ.

A reporter...   63,150f //c

DÉSIGNATION DES DÉPENSES.	SOMMES accordées par le Ministre secrétaire d'état de l'intérieur.	OBSERVATIONS.
Report................................	65,150^f $_n{}^c$	

IIe. Section.

Dépenses extraordinaires de la Maison centrale.

Achats ou renouvellement d'objets de literie......................... $_n{}^f$ $_n{}^c$
Idem d'objets mobiliers.. $_n$ $_n$
Idem d'effets d'habillement... $_n$ $_n$
Idem d'objets mobiliers et ornements pour le culte................. 200 $_n$

Somme accordée : 200^f $_n{}^c$

IIIe. Section.

Indemnité au département, en raison des condamnés à un an et plus de détention, non admis, faute de place, dans la Maison centrale de détention, et qui, pour cette raison, restent momentanément dans les prisons du département.

Nota. Cette 3e. section sera remplie par tous les départements de la circonscription dont les condamnés ne peuvent être admis à la maison centrale.

Art. unique.

Indemnité pour les condamnés en 1829.

Le nombre de ces condamnés, pour 1829, est évalué à environ   dont la dépense calculée pour chacun d'eux à raison de   par jour et de   par an, donne un total de.............. $_n{}^f$ $_n{}^c$

Il convient donc d'allouer pour ce service......... $_n{}^f$ $_n{}^c$

Total du Chapitre III..	65,350^f $_n{}^c$	

CHAPITRE IV.

Constructions et grosses réparations à faire aux bâtiments de la Cour royale.

Nota. Ces dépenses ne concernent que le département chef-lieu de la cour royale ; les autres départements qui y ressortissent n'auront pas à s'en occuper.

Le projet ou devis estimatif d   approuvé le   s'élève à.... $_n{}^f$ $_n{}^c$

Une adjudication a eu lieu et a été approuvée par le Ministre le   pour la totalité (*ou pour une partie*) des ouvrages ; elle monte à............. $_n$ $_n$

Un devis supplémentaire pour   a été dressé ; l'adjudication en a été approuvée par le Ministre le   , moyennant une somme de   .... $_n$ $_n$

Total à reporter...	$_n{}^f$ $_n{}^c$	

DÉSIGNATION DES DÉPENSES.	SOMMES accordées par le Ministre secrétaire d'état de l'intérieur.	OBSERVATIONS.
Report..	$_{''}{}^{f}$ $_{''}{}^{c}$	
Dépenses faites au suivant le compte rendu		
le .... $_{''}{}^{f}$ $_{''}{}^{c}$		
Alloué en 18 au budget fixe......................... ..... $_{''}$ $_{''}$	$_{''}{}^{f}$ $_{''}{}^{c}$	
Alloué en 1828 *idem*.................................... $_{''}$ $_{''}$		
Solde auquel il convient de pourvoir.......... $_{''}{}^{f}$ $_{''}{}^{c}$		
On propose d'allouer à valoir sur ce solde, pour travaux à exécuter dans le courant de l'année 1829..		
Total du Chapitre IV........................	$_{''}{}^{f}$ $_{''}{}^{c}$	

CHAPITRE V.

Entretien d'Etablissements thermaux.

Total du Chapitre V.............................	$_{''}{}^{f}$ $_{''}{}^{c}$	

RÉCAPITULATION.

Chap. Ier. Traitements administratifs..	78,000^{f} $_{''}{}^{c}$	
II. Frais d'administration par abonnement........................	68,400 $_{''}$	
III. Maison centrale de détention, et indemnité pour les condamnés à un an et plus d'emprisonnement........................	63,350 $_{''}$	
IV. Construction et travaux à la cour royale....................	$_{''}$ $_{''}$	
V. Établissements thermaux..................................	$_{''}$ $_{''}$	
Total général des dépenses fixes et de celles qui sont communes à plusieurs départements..	209,750^{f} $_{''}{}^{c}$	

Présenté par le Préfet du département de la Gironde.

A Bordeaux, le 23 Décembre 1828.   B^on. D'HAUSSEZ.

Le Ministre secrétaire d'état de l'intérieur, vu la loi du 17 Août dernier, approuve, jusqu'à concurrence de deux cent neuf mille sept cent cinquante francs, les dépenses comprises au présent budget, et alloue pareille somme sur les centimes centralisés de l'année courante.

Paris, le 26 Février 1829.

De MARTIGNAC.

MINISTÈRE
DE L'INTÉRIEUR.

4ᵉ. DIVISION.

BUREAU DES BUDGETS
des
DÉPENSES DÉPARTEMENTALES.

Exercice 1829.

DÉPARTEMENT DE LA GIRONDE.

BUDGET SUPPLÉMENTAIRE

A CELUI ARRÊTÉ

PAR LE MINISTRE SECRÉTAIRE D'ÉTAT DE L'INTÉRIEUR,

LE 26 FÉVRIER 1829,

Pour les dépenses fixes départementales, et celles qui sont communes à plusieurs départements, imputables sur les centimes additionnels versés au Trésor royal, en exécution de la loi sur les finances de 1829, et mis à la disposition du Ministre pour le paiement de ces dépenses.

EXERCICE 1829.

DÉSIGNATION des DÉPENSES SUPPLÉMENTAIRES.	MOTIFS DES DEMANDES DU PRÉFET	SOMMES accordées par le Ministre secrétaire d'état de l'intérieur.	OBSERVATIONS.
A valoir sur les dépenses relatives au service de la chaîne du Midi.	....	1,220^f ^{c}	Arrêté du Ministre, du 16 Mai 1829.
	Total des sommes accordées pour dépenses supplémentaires.....................	1,220^f ^{c}	
	Les crédits alloués par le budget primitif étant de......	209,750	
	Le Total général des allocations, pour les dépenses fixes ou communes à plusieurs départements de l'exercice 1829, sera de.......................	210,970^f ^{c}	
	Savoir :		
	Chapitres 1er. Traitements administratifs..................	78,000^f ^{c}	
	2. Frais d'administration par abonnement.....	68,400	
	3. Maison centrale de détention et indemnité pour les condamnés restés dans les prisons départementales............................	63,350	
	4. Bâtiments de la cour royale.................		
	5. Dépenses départementales relatives aux établissements diocésains......................		
	6. Établissements thermaux (entretien ordinaire)...		
	Service de la chaîne du Midi.................	1,220	
	Total des allocations..................	210,970^f ^{c}	

Le Ministre secrétaire d'état de l'intérieur arrête définitivement à la somme de deux cent dix mille neuf cent soixante-dix francs les allocations nécessaires pour les dépenses fixes et communes du département de la Gironde pendant l'exercice 1829.

A Paris, le 4 Juin 1829.

Le Ministre Secrétaire d'état de l'intérieur,

De MARTIGNAC.

BUDGET

DES

DÉPENSES EXTRAORDINAIRES

D'UTILITÉ DÉPARTEMENTALE,

Imputables sur les cinq Centimes facultatifs votés par le Conseil général, en vertu de la loi du

EXERCICE 1829.

DÉSIGNATION DES OBJETS DE DÉPENSE sur lesquels LE PRÉFET APPELLE L'ATTENTION DU CONSEIL GÉNÉRAL.	SOMMES votées par le conseil général pour chaque objet de dépense.	OBSERVATIONS.
L'Archevêque (supplément de traitement)................	8,000^f $''^c$	Ces trois sommes sont allouées pour 1829 comme pour les années précédentes, à titre de subventions temporaires.
Vicaires généraux, *idem*............................	5,000 $''$	
Neuf chanoines, *idem*..............................	5,400 $''$	
Bourses du séminaire...............................	4,000 $''$	Alloué pour secours au séminaire diocésain.
Statue de Louis XVI................................	10,000 $''$	L'emploi de cette somme aura lieu conformément aux projets approuvés ou à approuver.
Sourds-Muets (quatre bourses).....................	2,000 $''$	Alloué pour les sourds-muets qui ne peuvent être secourus par leurs parents ni par les communes de leur résidence.
Culte réformé......................................	1,600 $''$	
Culte israélite.....................................	600 $''$	
Enfants abandonnés................................	56,000 $''$	
Mobilier pour le petit séminaire de Bazas, sur 6,000 fr. demandés..	2,000 $''$	Alloué à titre de secours pour le grand séminaire.
Caisse de retraite des anciens employés de la préfecture.	4,666 $''$	Il ne pourra être disposé de cette somme qu'après que la caisse de retraite aura été instituée par une ordonnance du Roi.
Indemnité de logement des vicaires généraux............	1,000 $''$	Alloué à titre de secours à ces vicaires généraux.

ROUTES DÉPARTEMENTALES.

N°. 1. De Lormont au Carbon-Blanc....................	1,000 $''$	Le préfet se conformera quant aux travaux d'art, s'il y a lieu, à l'ordonnance royale du 8 Août 1821.
2. De Saint-Macaire à Sainte-Foi...................	5,000 $''$	
4. De Bordeaux à la Teste.........................	12,000 $''$	
5. De Libourne à Saint-André......................	3,000 $''$	
6. De Bordeaux à Mérignac et banlieue.............	6,000 $''$	
7. De Bordeaux à Saint-Médard....................	3,000 $''$	
8. De Libourne à Larochechalais.	4,000 $''$	
9. De Langoiran au Pavillon.......................	3,000 $''$	
10. De Bordeaux à Saint-Macaire...................	8,000 $''$	
11. De Bazas à Casteljaloux........................	4,000 $''$	
12. De Bourg à Montlieu...........................	3,000 $''$	
16. De Preignac à Villandraut......................	4,000 $''$	
17. De Libourne à Bordeaux........................	3,000 $''$	
18. De Bordeaux à Pauillac........................	7,000 $''$	
19. De Sainte-Foi à la Sauvetat....................	3,000 $''$	
De Libourne à Montlieu par Guîtres................	3,000 $''$	
Somme flottante...................................	10,516 35	L'emploi détaillé de cette somme devra figurer au compte de fin d'année.
Total.............................	178,582^f 55^c	

Arrêté par le Conseil général du département de la Gironde. A Bordeaux, le 9 Septembre 1828.

RAVEZ, J. E. GAUTIER, LE Cte. DE MONBADON, PORTAL jeune, BAGUENARD, LABADIE, Charles DURÈGE, PARIS, Mis. DE BRYAS, DESAIGUES DE SALES, BÉCHADE CASAUX, LE Vte. DU HAMEL, SARGET, ÉMÉRIGON.

Le Ministre secrétaire d'état de l'intérieur, vu la loi du 17 Août dernier, et l'ordonnance du Roi du 19 Novembre suivant (art. 2), qui approuve l'imposition de cinq centimes facultatifs votés par le conseil général du département pour l'exercice 1829, alloue les dépenses portées par ce conseil au présent budget, sauf à se conformer aux observations ou restrictions mises en regard.

Paris, le 15 Janvier 1829. DE MARTIGNAC.

PRODUIT *des Centimes imposés pour des Dépenses extraordinaires d'utilité départementale, en 1829.*

NOMS DES ARRONDISSEMENTS.	CONTINGENT EN PRINCIPAL.	PRODUIT DES CENTIMES dont l'imposition a été votée par le conseil général au nombre de cinq.	

§. Ier. *Répartition de la Contribution foncière.*

Bordeaux	1,434,578^f $''^c$	71,728^f 90^c	
La Réole	304,585 $''$	15,229 25	
Libourne	546,146 $''$	27,307 30	
Bazas	198,560 $''$	9,928 $''$	
Blaye	210,517 18	10,525 86	
Lesparre	197,160 82	9,858 4	
Totaux du §. Ier	2,891,547^f $''^c$	144,577^f 35^c	

§. II. *Répartition de la Contribution personnelle et mobilière.*

Bordeaux	409,892^f 47^c	20,494^f 62^c	
La Réole	54,186 91	2,709 55	
Libourne	101,288 4	5,064 40	
Bazas	43,055 98	2,152 70	
Blaye	43,788 89	2,189 45	
Lesparre	27,889 71	1,394 48	
Totaux du §. II	680,100^f $''^c$	34,005^f $''^c$	

§. III. *Répartition de la Contribution de* (Patentes ou Portes et fenêtres).

Totaux du §. III	$''^f$ $''^c$	$''^f$ $''^c$	
Report du §. Ier	2,891,547 $''$	144,577 35	
Idem du §. II	680,100 $''$	34,005 $''$	
Totaux généraux	3,571,647^f $''^c$	178,582^f 35^c	

DÉPARTEMENT DE LA GIRONDE.

SUPPLÉMENT AU BUDGET

DES

DÉPENSES FACULTATIVES ET EXTRAORDINAIRES

DE L'EXERCICE 1829,

OU

REPORT SUR 1829

Des Recettes comprises au Budget facultatif et extraordinaire de l'Exercice 1827, restant à employer au 31 Décembre 1828,

ET

Des Dépenses votées et allouées au même Budget, restant à exécuter à la même époque.

RECETTES.

SITUATION DES RECETTES AU 1ᵉʳ. DÉCEMBRE 1828.	DÉCISIONS DU MINISTRE.

Le produit des centimes facultatifs et des centimes extraordinaires, imposés au nombre de cinq, d'après le vote émis par le conseil général du département dans sa session de 1826, pour dépenses extraordinaires d'utilité départementale de l'exercice 1827, s'est élevé, d'après les rôles définitifs, savoir :

1°. Le produit des centimes facultatifs, à..... 178,590ᶠ 64ᶜ ⎱
2°. Le produit des centimes extraordinaires, à   10,531 75 ⎰ 189,122ᶠ 39ᶜ

Le montant des ordonnances de délégations expédiées, à valoir sur ce produit, par le Ministre de l'intérieur, est de............. 189,122 39

Dɪғғᴇ́ʀᴇɴᴄᴇ au profit du département............... ″ᶠ ″ᶜ

Le restant des centimes facultatifs et extraordinaires de 1825, compris au budget de report facultatif de cet exercice sur 1827 et ordonnancé par le Ministre de l'intérieur, s'est élevé à.. 10,531ᶠ 75ᶜ   *Mémoire.*

Sur les ordonnances de délégation, montant comme ci-dessus :

Pour les centimes de 1827, à........................... 178,590ᶠ 64ᶜ ⎱
Pour les centimes de 1825, à........................... 10,531 75 ⎰ 189,122ᶠ 39ᶜ

Le compte, au 1ᵉʳ. Décembre 1828, a constaté des dépenses effectuées pendant 1827, pour un total de................................. 178,337 93

Mais sur cette somme, il reste à acquitter :

1°. Divers mandats non présentés au paiement, et montant à.. ″ᶠ ″ᶜ ⎱
2°. Diverses dépenses effectuées et non   ⎰ ″ᶠ ″ᶜ   ″ ″
mandatées par le préfet, montant à.....   ″ ″ ⎰

Rᴇsᴛᴇ en dépenses acquittées............ ″ᶠ ″ᶜ   ″ ″

Dɪғғᴇ́ʀᴇɴᴄᴇ des ordonnances avec les paiements, à remettre à la disposition du département pour être employée en 1829............................ 10,784ᶠ 46ᶜ

Tᴏᴛᴀʟ.................................. 10,784ᶠ 46ᶜ

DÉPENSES.

SITUATION DES DÉPENSES AU 1ᵉʳ. DÉCEMBRE 1828.	**DÉCISIONS DU MINISTRE.**

NOUVEAUX VOTES NON APPROUVÉS.

———

Les dépenses votées par le conseil général, à sa dernière session, pour emploi, en 1829, de fonds libres de 1827, sont, suivant la délibération ci-annexée, savoir :

Travaux des Routes départementales.

Nº. 4.. 4,000ᶠ ᵘᶜ		L'emploi des sommes ci-contre est approuvé, sauf au préfet à se conformer aux observations mises au budget variable touchant l'emploi des fonds affectés aux routes.
7... 800 ᵘ		L'emploi détaillé des 284 fr. 50 cent. réservés pour cas imprévus, devra figurer au compte de fin d'année.
10... 2,000 ᵘ		Quant aux 922 fr. 25 cent. dus au sieur Cabireau, pour solde des travaux, il n'en pourra être disposé qu'après que le préfet aura fait connoître la nature de ces travaux et l'exercice auquel ils se rapportent.
14... 600 ᵘ		
15... 900 ᵘ		
18... 300 ᵘ	10,531ᶠ 75ᶜ	
19... 500 ᵘ		
Solde des travaux exécutés par le sieur Cabireau.... 922 25		
Salaire d'un cantonnier pour les neuf derniers mois de 1828.. 225 ᵘ		
Pour cas imprévus et à employer sur les routes...... 284 50		

FONDS SANS DESTINATION.

———

La somme pour laquelle il n'y a pas d'emploi déterminé, soit qu'elle provienne de votes non approuvés, de réserves ou d'économies, est de... 252 71

TOTAL PAREIL à celui de la recette...................... 10,784ᶠ 46ᶜ

REPORT de la récapitulation des budgets facultatif ou extraordinaire de 1829.................................... 178,582 35

> Le conseil général délibérera, lors de sa prochaine session, sur la nouvelle destination à donner à cette somme (1).

TOTAL GÉNÉRAL.............................. 189,366ᶠ 81ᶜ

Certifié conforme au compte rendu, au budget voté par le conseil général et aux approbations du Ministre.
À Bordeaux, le 23 Décembre 1828.

Le Préfet du département de la Gironde,

Bᵒⁿ. D'HAUSSEZ.

Approuvé, conformément au résultat ci-contre, le présent budget de report, sauf à se conformer aux observations qui précèdent. Paris, le 19 Février 1829.

Le Ministre secrétaire d'état de l'intérieur,

Dᴇ MARTIGNAC.

———

(1) Le conseil général, par sa délibération du 3 Septembre 1829, a statué sur l'affectation de cette somme.

DÉPARTEMENT DE LA GIRONDE.

(SECTION V du Budget du Ministère de l'intérieur).

BUDGET

DES

DÉPENSES VARIABLES ORDINAIRES,

IMPUTABLES, conformément aux votes du Conseil général, et aux approbations du Ministre de l'intérieur, 1°. sur les Centimes additionnels ordinaires laissés à la disposition de chaque département; 2°. sur la somme accordée dans la répartition du fonds commun destiné à remédier, suivant les besoins, à l'insuffisance des centimes ordinaires ci-dessus; 3°. sur les ressources éventuelles appartenant au département.

EXERCICE 1829.

DÉSIGNATION DES DÉPENSES.	VOTES approuvés par le Ministre secrétaire d'état de l'intérieur.	OBSERVATIONS.

CHAPITRE IER. DU BUDGET DÉPARTEMENTAL.

Hôtel de la Préfecture.

Art. 1er.. { Loyers de l'hôtel de la Préfecture ou des bâtiments occupés par les bureaux, lorsque ces édifices ne sont pas des propriétés départementales....................................... $''^f$ $''^c$ — $''^f$ $''^c$

Contributions directes à acquitter par le département, à raison de ces loyers................................... $''$ $''$

Art. 2. Frais de chauffage et éclairage du corps-de-garde de la préfecture. (*Circulaire du 17 Décembre 1814*)................................ 546 $''$

Art. 3. Entretien ordinaire du mobilier de la préfecture.......................... 2,250 $''$

Il sera justifié de l'emploi conformément à la circulaire du 30 Décembre 1818, et l'allocation ne peut excéder le 20e. du maximum attribué à la valeur du mobilier. (*Circulaire du 1er. Septembre 1825*).

Art. 4. Achats nouveaux pour complément ou renouvellement du mobilier de la préfecture............................ $''$ $''$

Nota. La valeur de ce mobilier, reconnue par récolement d'inventaire, étoit, au 1er. Janvier 1828, de .... $''^f$ $''^c$

Accordé pour augmentation dans le budget de 1828.............. $''$ $''$

TOTAL OU VALEUR au 1er. Janvier 1829.................... $''^f$ $''^c$

TOTAL du Chapitre Ier................................. **2,796^f $''^c$**

CHAPITRE II.

Dépenses ordinaires des prisons départementales.

(Maisons d'arrêt, de justice ou de correction).

Art. 1er. — *Administration.*

Indemnités aux Aumôniers ; traitements des Officiers de santé, Concierges, salaires des Guichetiers et autres.

TRAITEMENTS

sujets à retenue de 2 ¹/₂ p. °/₀ pour les pensions de retraite..........

Maison de justice de Bordeaux.	5,490^f $''^c$
d'arrêt de Blaye.........	500 $''$
Prison de Libourne............	1,200 $''$
de la Réole............	500 $''$
de Bazas................	400 $''$
de Lesparre............	400 $''$
du Passage.............	1,050 $''$

9,540^f $''^c$

non sujets à la retenue...........

Maison de justice de Bordeaux	2,900^f $''^c$
d'arrêt de Libourne....	500 $''$
Prison de la Réole............	200 $''$
de Lesparre............	200 $''$
de Blaye...............	150 $''$

5,950 $''$

TOTAL *à reporter*......................... **13,490^f $''^c$**

DÉSIGNATION DES DÉPENSES.	VOTES approuvés par le Ministre secrétaire d'état de l'intérieur.	OBSERVATIONS.
Report..	13,490^f ,ᶜ	

Art. 2. — *Détenus.*

Nourriture, entretien de tous les détenus sans distinction, et autres dépenses y relatives.........	Maison de justice de Bordeaux pr. envon. 250 détenus. d'arrêt de Blaye........ id. 15 id. Prison de Libourne............ id. 35 id. de la Réole.......... id. 15 id. de Bazas............... id. 12 id. de Lesparre........... id. 10 id. du Passage............. id. 20 id.	36,000^f	

Les détenus à la charge du département sont les prévenus ou accusés, les condamnés correctionnels à moins d'un an d'emprisonnement, les condamnés aux travaux forcés, au bannissement et à la déportation, en attendant leur transférement, et les condamnés de toute espèce en appel et en pourvoi.

Mais les condamnés criminels à la réclusion et les condamnés correctionnels à une année et plus d'emprisonnement, que l'on suppose devoir rester, en 1829, dans les prisons du département, faute de place à la maison centrale de détention, sont une charge du budget fixe. L'indemnité à laquelle aura droit le département, sur les centimes centralisés, à raison du nombre de ces derniers condamnés que l'on a compris dans l'évaluation ci-dessus, est de............................ 2,500

Reste à allouer au présent budget...................... 33,500^f

		33,500	″
Chauffage et éclairage; entretien et renouvellem.t du mobilier, du linge ou d'objets de service, médicaments et autres menues dépenses du régime intérieur............	Maison de justice de Bordeaux........................... 4,000^f d'arrêt de Blaye............................. 400 Prison de Libourne............................. 800 de la Réole............................. 400 de Lesparre............................. 400 de Bazas............................. 400 du Passage............................. 100	6,500	″

Art. 3. — *Bâtiments.* (Dépenses annuelles ordinaires).

Loyers, menus travaux d'entretien ou d'appropriation............	Maison de justice de Bordeaux........................... 1,000^f d'arrêt de Blaye............................. 200 Prison de Libourne............................. 300 de la Réole............................. 200 de Lesparre............................. 200 de Bazas............................. 200 du Passage............................. 100 Loyers des prisons de Lesparre.......... 200	2,400	″
A reporter............................		55,890	″

DÉSIGNATION DES DÉPENSES.	VOTES approuvés par le Ministre secrétaire d'état de l'intérieur.	OBSERVATIONS.
Report..............................	55,890^f "^c	
ART. 4. — *Objets divers.*		
Frais de translation des prisonniers d'une prison à une autre, ou d'une prison départementale à la maison centrale de détention, après condamnation (*circulaire du 30 Juillet* 1817), par aperçu pour toutes les prisons du département, ci.. 2,860^f "^c		
Fers pour les condamnés................. *idem*......................... 900 "	3,760 "	
Frais de capture des prisonniers évadés *idem*........................ " "		
Total du Chapitre II........................	59,650^f "^c	

CHAPITRE III.

Dépôt, secours et ateliers pour remédier à la mendicité.

Art. 1er.

Dépôt de mendicité ou Maison de secours à

Dépenses ordinaires, calculées à raison d'environ

Traitements, gages et salaires ; loyers et menues dépenses d'administration. " "		
Nourriture et dépenses relatives... " "		
Entretien du mobilier, du linge ; chauffage, éclairage ; médicaments et autres menues dépenses du régime intérieur, etc........................... " "	"^f "^c	
Menus travaux annuels d'entretien des bâtiments......................... " "		
Entretien et renouvellement de .... " "		

Art. 2.

Secours effectifs en aliments dans le cas d'extrême misère ou disette locale.....	1,500 "	

Art. 3.

Ateliers de charité afin d'occuper la classe indigente.................................	2,000 "	
Total du Chapitre III.............................	3,500^f "^c	

DÉSIGNATION DES DÉPENSES.	VOTES approuvés par le Ministre secrétaire d'état de l'intérieur.	OBSERVATIONS.

CHAPITRE IV.

Frais ordinaires du casernement de la gendarmerie départementale et maritime.

Art. 1er. Éclairage des casernes ; loyers, frais des baux, et contributions de celles qui n'appartiennent pas au département....................	15,500f uc
2. Indemnités de logement aux gendarmes non casernés...................	300 u
3. Menus travaux annuels d'entretien ou d'appropriation des bâtiments..	500 u
4. Loyer, entretien ou renouvellement des lits dans les casernes..........	u u
5. Indemnités de literie aux gendarmes extraits de la ligne ou admis dans les six mois de leur congé, ainsi qu'à ceux qui sont détachés en force supplétive, ou appelés à former des postes provisoires.....	200 u
Total du Chapitre IV.........................	16,500f uc

On rappelle ici la circulaire du 2 Mars 1818, relative au casernement de la gendarmerie, afin qu'on se conforme aux instructions qu'elle contient sur l'indemnité de logement, et qui sont applicables à la gendarmerie maritime.

CHAPITRE V.

Dépenses variables ordinaires des cours et tribunaux.

Art. 1er. Loyers des bâtiments qui n'appartiennent pas au département.........	950f uc
2. Menus travaux d'entretien ou d'appropriation des bâtiments..........	1,200 u
3. Frais d'entretien du mobilier des cours et tribunaux....................	1,000 u
4. Améliorations ou complém¹. du mobilier pour la cour royale.. uf uc / Idem..... pour le tribunal d ...... u u / Idem..... pour celui d ...... u u / Idem..... pour le tribunal de commerce d ...... u u	u u
5. Menues dépenses et frais de parquet des cours et tribunaux............	22,950 u
6. Menus frais de parquet des justices de paix.............................	u u
Total du Chapitre V....................	26,100f uc

Le département où siège la cour royale profitant de l'avantage d'être chef-lieu à cet égard, il est juste qu'il supporte seul les dépenses ordinaires qui doivent figurer au présent chapitre. Les autres départements qui sont du ressort de cette cour n'ont pas à s'en occuper.

Les menues dépenses doivent être proposées par les préfets, conformément aux fixations portées à l'état arrêté le 26 Avril 1828 par M. le Garde des sceaux Ministre de la justice.

Les conseils généraux auront à émettre leur vote sur les augmentations résultant de ces nouvelles fixations, pour quelques cours et tribunaux.

DÉSIGNATION DES DÉPENSES.	VOTES approuvés par le Ministre secrétaire d'état de l'intérieur.	OBSERVATIONS.

CHAPITRE VI.

Travaux de Bâtiments.

Réparations ou constructions des bâtiments des Préfectures, Tribunaux, Prisons, Dépôt de mendicité, Casernes de la gendarmerie et autres édifices départementaux; acquisition de terrains ou de bâtiments pour ces objets.

(*Voir* sur ces travaux la circulaire du 10 Juin 1822).

Traitement fixe, honoraires ou indemnités aux architectes chargés de ces travaux.

(Les travaux aux bâtiments des cours royales et aux maisons centrales de détention ne doivent pas entrer dans le budget des dépenses variables).

ART. 1er. Travaux de la préfecture pour entretien............................. 800f

Le projet ou devis estimatif de ces travaux s'élève à............................. »

Dépenses faites au 1er. Janvier 1828............................. »f »c

Fonds restant à employer et portés au budget de report de l'exercice 1826 sur 1828............................. » »

Fonds restant à employer sur l'exercice 1827, au 1er. Janvier 1828, et à comprendre au budget de report de 1827 sur 1829............. » »

Allocation du budget de 1828............................. » »   »f »c

Somme nécessaire pour terminer ces travaux............................. 800f »c

On propose d'allouer sur cette somme au présent budget............................. » »

Nota. Ces détails seront donnés pour chaque article des travaux quelconques qui figureront au présent chapitre.

	VOTES	OBSERVATIONS
ART. 2. Cour d'assises, parquet	2,700 »	
Tribunal de Libourne	600 »	
Prison de la Réole (pour solde)	7,558 75	
Prison du fort du Hâ, travaux accidentels	1,000 »	
Caserne de la Réole	1,240 »	
Sous-Préfecture de la Réole	1,656 »	
Hippodrome	1,200 »	
Sous-Préfectures, travaux divers	600 »	
Traitements de l'architecte du département	2,000 »	La fixation de cette dépense est subordonnée à la décision spéciale du Ministre.
Hospice de Cadillac	10,000 »	
TOTAL du Chapitre VI	29,555f 75c	

DÉSIGNATION DES DÉPENSES.	VOTES approuvés par le Ministre secrétaire d'état de l'intérieur.	OBSERVATIONS.
		Le préfet se conformera, quant aux travaux d'art à exécuter sur les routes, s'il y a lieu, à l'ordonnance royale du 8 Août 1821.

CHAPITRE VII.

Travaux des routes départementales et autres d'intérêt départemental, non compris au budget des Ponts et Chaussées; indemnités de terrains pour dépossession en 1829.

Nota. Ce chapitre est destiné aux travaux à faire aux routes de 4e. classe, dites *départementales*, et autres travaux d'intérêt départemental non compris au budget des ponts et chaussées. (*Voir* la circulaire du 20 Août 1821, *sur les routes*).

La circulaire du 12 Juillet 1817 a réglé les indemnités à accorder aux ingénieurs des ponts et chaussées lorsqu'ils sont chargés de travaux départementaux. Ces indemnités devant être payées sur le montant des crédits alloués pour ces routes, il ne sera proposé à ce chapitre aucune allocation spéciale pour les ingénieurs. Quant aux conducteurs, piqueurs et autres agents spécialement attachés à ces routes, ils ne doivent être payés sur ces mêmes crédits qu'après approbation de leur nombre et de leurs salaires par l'administration.

Art. 1er. Route n°.　　d　　　　　　à

Les réparations à faire à cette route, pour la mettre en bon état, sont évaluées à la somme de.................................... " ᶠ " ᶜ

Une adjudication a été passée à cet effet par le Préfet, le moyennant la somme de.................................... " "

Il a été alloué pour ces travaux aux budgets de 1828 et antérieurs.................................... " "

Fonds à faire.................... " ᶠ " ᶜ

On propose d'allouer pour 1829 sur le solde.................... " ᶠ " ᶜ

Art. 2. Route n°.　　d　　　　　à

L'entretien annuel de cette route est évalué à.................... " "

On demande pour 1829.................... " "

Art. 3. Route n°. 3, de Libourne à Saint-Pey d'Armens....................	2,000 "	
13, de Libourne à Bazas....................	18,000 "	
14, de Bordeaux au Verdon et *bis*....................	4,000 "	
15, de la Réole à Monségur....................	2,000 "	
de Saint-André à Guitres....................	2,000 "	Comme il s'agit de chemins communaux, ces trois sommes seront exclusivement employées en travaux neufs ou travaux d'art.
de Saint-Sulpice à Sallebœuf....................	1,000 "	
Chemin de Cocumont....................	1,000 "	
Somme flottante....................	19,177 55	L'emploi détaillé de ces fonds devra figurer au compte de fin d'année.
Total du Chapitre VII....................	49,177ᶠ 55ᶜ	

DÉSIGNATION DES DÉPENSES.	VOTES accordées par le Ministre secrétaire d'état de l'intérieur.	OBSERVATIONS.

CHAPITRE VIII.

Dépenses ordinaires d'enfants trouvés ou abandonnés.

ARTICLE UNIQUE. On évalue ces dépenses, année commune, d'après un nombre moyen de 3,527 enfants, et à raison de 61 fr. 20 cent. par enfant et pour l'année, à.. 220,740^f ^{c}

Nota. Dans cette somme, est comprise celle relative aux frais de visites et inhumations des enfants, et les récompenses accordées aux nourrices.

DÉDUIRE :

1°. Le produit présumé des amendes ou autres affectés à cette dépense.. 6,915^f

2°. Ce que le conseil général croit juste de laisser à la charge des hospices, eu égard à leurs revenus......... ″

3°. Ce que le conseil général juge convenable de mettre à la charge des villes appelées par la loi à concourir au paiement de ces dépenses, savoir : 60,740^f (1).

   Commune de Bordeaux.................... 27,200^f } 53,825

   Communes du département.............. 26,625 }

RESTE, ou SUBVENTION du département...................... 160,000^f ″^{c} 104,000^f ″^{c}

TOTAL du Chapitre VIII.......................... 104,000^f ″^{r}

(1) Ces sommes ne figurant ici que pour mémoire, ne doivent pas être comprises à la récapitulation des recettes du présent budget ; elles font partie du compte de fonds commun de cotisations municipales et particulières.

CHAPITRE IX.

Encouragements et Secours.

ART. 1er. Indemnité temporaire pour dépouillement extraordinaire d'archives..   ″^{f} ″^{r}

2. Secours à d'anciens employés de la Préfecture.......

   Gaudineau..   500 ″

   Lacroix..   700 ″

   V^e. Jay..   500 ″

   V^e. Pingard..   400 ″

   Désarbres..   690 ″

   Chesnay..   700 ″

   De Massip..   1,200 ″

3. Société d'agriculture (*circulaire du 14 Août* 1819) et encouragements à l'agriculture..   1,500 ″

A reporter............................   5,990^f ″^{c}

DÉSIGNATION DES DÉPENSES.	VOTES approuvés par le Ministre secrétaire d'état de l'intérieur.	OBSERVATIONS.
Report......................................	5,990ᶠ ᵖᶜ	
Art. 4. Pépinières départementales.........................	5,000 ᵇ	
5. Artistes vétérinaires.................................	1,850 ᵇ	
6. Entretien d'élèves aux écoles vétérinaires d'Alfort et de Lyon..........	ᵇ ᵇ	
7. Primes d'encouragements pour les chevaux, les taureaux, etc	ᵇ ᵇ	
8. Part contributive du départemᵗ. dans la dépense de l'école d'équitation..	ᵇ ᵇ	
9. Élèves sages-femmes envoyées à l'hospice de la Maternité, à Paris, pour y suivre les cours d'accouchements............................	ᵇ ᵇ	
10. Dépense du cours d'accouchements dans le département, s'il en existe un légalement autorisé....................................	6,000 ᵇ	
11. Indemnité pour la propagation ou la conservation de la vaccine........	2,400 ᵇ	
12. Secours à la société maternelle............................	2,000 ᵇ	
13. Secours aux écoles secondᵉˢ. de médecine, lorsqu'elles sont autorisées..	ᵇ ᵇ	
14. Secours pour réparations d'églises communales, de presbytères, ou pour travaux à des édifices religieux considérés comme monuments, dont la conservation intéresse le département. (*Circulaire du* 12 *Octobre* 1821)..	ᵇ ᵇ	
15. Secours pour concourir aux frais des cultes protestants ou réformés, ou pour réparation des temples.................................	ᵇ ᵇ	
16. Entretien d'élèves à l'école des arts et métiers......................	ᵇ ᵇ	
17. Recherches de mines, ou encouragements à l'industrie..................	ᵇ ᵇ	
École d'équitation.................................	1,875 ᵇ	
Éducation des chevaux............................	2,500 ᵇ	
Mérinos...	1,200 ᵇ	
Société Linnéenne de Bordeaux.........................	300 ᵇ	
Total du Chapitre IX......................	29,115ᶠ ᵇᶜ	

CHAPITRE X.

Dette départementale, ou complément de dépenses appartenant aux exercices 1827 et antérieurs.

(Aucune partie de ces dettes ou compléments ne doit être comprise dans les autres chapitres du présent budget).

Art. 1ᵉʳ. Déficit de 1827 résultant d'augmentations dans les dépenses que ne peuvent couvrir les économies faites sur d'autres articles de dépenses *ordinaires* seulement..	ᵇᶠ ᵇᶜ	
Art..... Déficit de 1826, d'après le compte rendu, et pour insuffisance sur les dépenses *ordinaires seulement*, déduction de l'allocation qui auroit déjà été faite au budget de 1828, à valoir sur ce déficit.............	ᵇ ᵇ	
Total du Chapitre X......................	ᵇᶠ ᵇᶜ	

DÉSIGNATION DES DÉPENSES.	VOTES approuvés par le Ministre secrétaire d'état de l'intérieur.	OBSERVATIONS.

CHAPITRE XI.

Dépenses ordinaires et Dépenses imprévues.

L'allocation de ce chapitre a pour objet de pourvoir, 1°. aux frais de voyage des préfets nouvellement installés; 2°. aux frais d'illuminations de l'hôtel de Préfecture, les jours de fête publique; 3°. aux gratifications pour belles actions, jusqu'à concurrence de 100 fr. seulement; 4°. aux dépenses relatives aux planches en cuivre destinées à recevoir l'empreinte des poinçons des fabricants orfèvres; 5°. aux tables décennales; 6°. aux frais d'expertise pour la vérification des voitures publiques; 7°. aux primes pour destruction de loups; 8°. aux 15 centimes par lieue accordés aux voyageurs indigents; 9°. aux frais de route et de séjour des forçats libérés; 10°. aux frais de translation des mendiants et vagabonds; 11°. aux frais d'épidémie ou de médicaments dans les cantons ruraux; 12°. aux frais d'épizootie, en se conformant à la circulaire du 18 Octobre 1819; 13°. aux frais de transport, de traitement et d'entretien d'insensés appartenant à des familles pauvres; 14°. aux frais d'entretien des sourds et muets et des traitements de galeux vénériens qui sont sans moyens d'existence.

On imputera en outre, sur ce fonds de réserve, mais après l'approbation du Ministre:

1°. Les frais d'impression et de publication des listes électorales et du jury, et des tableaux de rectification... 12,000ᶠ 20ᶜ

2°. Les frais de tenue des colléges électoraux........................ 〃 〃

5°. Les impressions des budgets arrêtés par le Ministre et des comptes rendus par le Préfet, si le conseil général en juge la publicité nécessaire et en vote la dépense (*Désigner le nombre d'exemplaires*). 〃 〃

4°. Les dépenses accidentelles ou imprévues............................ 〃 〃

Primes pour les loups.. 1,500 〃

Voyageurs indigents.. 6,000 〃

Forçats libérés.. 500 〃

Aliénés indigents..30,000 〃

Épidémie et épizootie.. 500 〃

Frais de location pour les marbres de la Bastide...................... 400 〃

Dépenses imprévues... 7,000 〃

La colonne VOTES indique : 57,700ᶠ 20ᶜ

Observations : Approuvé pour 57,700 f. 20 c., conformément au vote du conseil général.

Le préfet ne pourra imputer sur ce crédit, et sans autorisation préalable, que les dépenses déjà autorisées par décisions spéciales, ou par l'instruction du 4 Août 1828.

Total du Chapitre XI........................ 57,700ᶠ 20ᶜ

RÉCAPITULATION.

DÉSIGNATION DES DÉPENSES.	VOTES approuvés par le Ministre secrétaire d'état de l'intérieur.	OBSERVATIONS.
Chap. Ier. Hôtel de la Préfecture.................................	2,796^f $^{"c}$	
II. Prisons départementales...............................	59,650 $"$	
III. Mendicité..	3,500 $"$	
IV. Casernement de la gendarmerie.......................	16,500 $"$	
V. Cours et tribunaux...................................	26,100 $"$	
VI. Batiments..	29,534 75	
VII. Routes départementales.............................	49,177 55	
VIII. Enfants trouvés et abandonnés......................	104,000 $"$	
IX. Encouragements et secours..........................	29,115 $"$	
X. Compléments des dépenses des exercices 1827 et antérieurs..........	$"$ $"$	
XI. Dépenses diverses et imprévues......................	57,700 20	
Total général des dépenses.................	377,873^f 50^c	

Fonds à effectuer au paiement de ces dépenses.

Produit des 7 centimes ½ additionnels ordinaires.................. 267,873^f 50^c

Ressources éventuelles.

Produit d'expéditions d'actes de la Préfecture, ou d'anciennes pièces déposées aux archives. (*Circulaire du 16 Avril 1816*).. $"$ $"$

Revenus particuliers des prisons départementales................... $"$ $"$

Idem des dépôts de mendicité, ou maisons de secours............ $"$ $"$

Produit d'arbres abattus ou élagués sur les routes départementales. $"$ $"$

Vente de grès de rebut ou de bois et matériaux provenant de démolitions de ponts sur ces routes, ou d'autres ouvrages d'art à la charge du département............................ $"$ $"$

Loyers ou fermages de maisons, terrains ou locaux appartenant au département................................ $"$ $"$

Vente d'arbres provenant de la pépinière départementale.......... 5,000 $"$

272,873 50

Excédant des dépenses sur le produit de ces fonds, à couvrir avec la somme accordée par le Ministre de l'intérieur, sur le fonds commun de 5 centimes..... 105,000^f $^{"c}$

Nota. Ces recettes ne devront figurer ici qu'autant qu'on sera sûr de leur disponibilité dans l'année 1829.

Il ne faut pas reproduire les fonds portés en recette extraordinaire aux budgets précédents.

On se conformera aux dispositions prescrites par l'art. 3 de l'ordonnance du 14 Septembre 1822 et aux instructions ministérielles, en ce qui concerne le versement de ces ressources éventuelles dans la caisse du receveur général, et les formalités à remplir pour effectuer la vente des objets mobiliers ou immobiliers appartenant aux divers services entretenus avec des fonds départementaux.

Ces ressources seront ordonnancées par le ministre de l'intérieur après qu'elles auront été portées par le receveur général du département au compte des produits divers, et que le ministre se sera assuré que ces recouvrements ont été réellement effectués.

Arrêté par le Conseil général du département de la Gironde. *A Bordeaux, le 12 Septembre 1828.*
RAVEZ, Mis. de BRYAS, EMÉRIGON, PORTAL jeune, LABADIE, J. E. GAUTIER, Charles DURÈGE, le Vte. du HAMEL, BÉCHADE-CASAUX.

Approuvé, conformément au résultat ci-contre, les dépenses portées par le conseil général du département au présent Budget, sauf à se conformer aux observations et restrictions mises en regard.
Paris, le 26 Décembre 1828.

Le Ministre secrétaire d'état de l'intérieur,

De MARTIGNAC.

PRODUIT des Centimes additionnels ordinaires affectés aux Dépenses variables départementales de 1829.

NOMS DES ARRONDISSEMENTS.	CONTINGENT en PRINCIPAL.	PRODUIT DES 7 1/2 CENTIMES additionnels laissés à la disposition du département pour les dépenses variables départementales.
§. Ier. Répartition de la Contribution foncière pour 1829.		
BORDEAUX { VILLE	780,000ᶠ ″ᶜ	58,500ᶠ ″
BORDEAUX { ARRONDISSEMENT	654,578 ″	49,093 35
LA RÉOLE	304,585 ″	22,843 87
LIBOURNE	546,146 ″	40,960 95
BAZAS	198,560 ″	14,892 ″
BLAYE	210,517 18	15,788 77
LESPARRE	197,160 82	14,787 6
Totaux du §. Ier	2,891,547ᶠ ″ᶜ	216,866ᶠ ″ᶜ
§. II. Répartition de la Contribution personnelle et mobilière pour 1829.		
BORDEAUX { VILLE	293,271ᶠ 9ᶜ	30,741ᶠ 93ᶜ
BORDEAUX { ARRONDISSEMENT	116,621 58	
LA RÉOLE	54,186 91	4,064 2
LIBOURNE	101,288 4	7,596 60
BAZAS	43,053 98	3,229 5
BLAYE	43,788 89	3,284 17
LESPARRE	27,889 71	2,091 73
Totaux du §. II	680,100ᶠ ″ᶜ	51,007ᶠ 50ᶜ
Report du §. Ier	2,891,547 ″	216,866 ″
Totaux généraux	3,571,647ᶠ ″ᶜ	267,873ᶠ 50ᶜ

DÉPARTEMENT DE LA GIRONDE.

SUPPLÉMENT AU BUDGET

DES

DES DÉPENSES VARIABLES DE L'EXERCICE 1829,

OU

REPORT SUR 1829

Des Recettes comprises au Budget variable départemental de l'exercice 1827, restant à employer au 31 Décembre 1828,

ET

Des Dépenses votées et allouées au même Budget, restant à exécuter à la même époque.

RECETTES.

SITUATION DES RECETTES AU 1ᵉʳ. DÉCEMBRE 1828.	DÉCISIONS DU MINISTRE.

Le produit des 7 ¹/₂ centimes variables ordinaires, réellement recouvré d'après les rôles définitifs, et la somme accordée sur le fonds commun de 5 centimes, s'élèvent ensemble, pour 1827, à.................................... 571,885ᶠ 96ᶜ

Mais par suite du remboursement des avances faites par les départements pour le compte les uns des autres :

Ce total a été { augmenté de.. ₙ ₙ
{ réduit de......... .... 29 25

En sorte que le crédit a été définitivement fixé à... 571,856ᶠ 71ᶜ

Le montant des ordonnances de délégation expédiées à valoir sur ce produit par le Ministre de l'intérieur, est de.................... 571,856ᶠ 71ᶜ

DIFFÉRENCE au profit du département.............. ₙᶠ ₙᶜ

Les ressources extraordinaires, allouées dans le budget de 1827, se sont élevées, d'après les recouvrements réellement effectués, versés au Trésor royal, et ordonnancés par le Ministre de l'intérieur, à.. 6,403ᶠ 65ᶜ *Mémoire.*

Le restant des centimes ordinaires et des ressources extraordinaires de 1825, compris au budget de report variable de cet exercice, sur 1827, et ordonnancé par le Ministre de l'intérieur, est de.. 2,981ᶠ 71ᶜ *Mémoire.*

Sur les ordonnances de délégation, montant comme ci-dessus,

Pour les centimes ordinaires et le fonds commun
de 1827, à.................................... 571,856ᶠ 71ᶜ ⎫
Pour les ressources extraordinaires de 1827, à..... 6,403 65 ⎬ 581,242ᶠ 7ᶜ
Et pour les restants de 1825, à..................... 2,981 71 ⎭

Le compte au 1ᵉʳ. Décembre 1828 a constaté des dépenses effectuées pendant 1827, pour un total de.............................. 563,402 84

Mais sur cette somme il reste à acquitter,

1°. Divers mandats non présentés au paiement, et
montant à............................ ₙᶠ ₙᶜ ⎫
2°. Diverses dépenses effectuées et non ⎬ ₙᶠ ₙᶜ
mandatées par le préfet, montant à. ₙ ₙ ⎭

RESTE en dépenses acquittées...................... ₙᶠ ₙᶜ

DIFFÉRENCE des ordonnances avec les paiements, à remettre à la disposition du département, pour être employée en 1829.............................. 17,839 23

TOTAL à reporter sur 1829.................... 17,839ᶠ 23ᶜ

DÉPENSES.

<table>
<tr><td colspan="1">SITUATION DES DÉPENSES
AU 1er. DÉCEMBRE 1828.</td><td>DÉCISIONS DU MINISTRE.</td></tr>
</table>

SITUATION DES DÉPENSES AU 1ᵉʳ. DÉCEMBRE 1828. — **DÉCISIONS DU MINISTRE.**

FONDS SANS DESTINATION.

(CHAP. XI.)

La somme pour laquelle il n'y a pas d'emploi déterminé, soit qu'elle provienne de votes non approuvés, de réserves ou d'économies, est de.. 17,839ᶠ 23ᶜ

TOTAL pareil à celui de la recette............ 17,839ᶠ 23ᶜ

{ Le conseil général délibérera, lors de sa prochaine session, sur la nouvelle destination à donner à cette somme (1).

RÉCAPITULATION,

OU DISTRIBUTION DE CE TOTAL ENTRE LES DIVERS CHAPITRES DU BUDGET VARIABLE DE 1829.

CHAPITRES DU BUDGET.	RÉCAPITULATION par chapitre des FONDS DE 1827, reportés sur 1829.	RÉCAPITULATION du BUDGET DE 1829.	TOTAL.
CHAP. Iᵉʳ. Hôtel de la préfecture.............	〃ᶠ 〃ᶜ	2,796ᶠ 〃ᶜ	2,796ᶠ 〃ᶜ
II. Prisons départementales...........	〃 〃	59,650 〃	59,650 〃
III. Mendicité.	〃 〃	5,500 〃	5,500 〃
IV. Casernement de la gendarmerie..	〃 〃	16,500 〃	16,500 〃
V. Cours et Tribunaux................	〃 〃	26,100 〃	26,100 〃
VI. Bâtiments civils...................	〃 〃	29,534 75	29,534 75
VII. Routes départementales...........	〃 〃	49,177 55	49,177 55
VIII. Enfants trouvés..................	〃 〃	104,000 〃	104,000 〃
IX. Encouragements et secours.......	〃 〃	29,115 〃	29,115 〃
X. Dette des exercices antérieurs....	〃 〃	〃 〃	〃 〃
XI. Dépenses diverses ou imprévues.	17,839 23	57,700 20	75,539 43
TOTAL GÉNÉRAL.............	17,839ᶠ 23ᶜ	377,873ᶠ 50ᶜ	595,712ᶠ 75ᶜ

Certifié conforme au compte rendu, au budget voté par le conseil général et aux approbations du Ministre. A Bordeaux, le 23 Décembre 1828.

Le Préfet du département de la Gironde,

Bᵒⁿ. D'HAUSSEZ.

Approuvé conformément au résultat ci-contre, le présent budget de report, sauf à se conformer à l'observation qui précède. Paris, le 12 Février 1829.

Le Ministre secrétaire d'état de l'intérieur,

Dᴇ MARTIGNAC.

(1) Le conseil général, par sa délibération du 3 Septembre 1829, a statué sur l'affectation de cette somme.